FOLIO
JUNIOR

Jean-Philippe Arrou-Vignod

Léo des villes, Léo des champs

Illustrations de François Ravard

GALLIMARD JEUNESSE

À la mémoire
de Jean-Pierre et Régine Babin,
mes grands-parents.

À l'essai

C'est quand le train a démarré que j'ai compris ce qui m'arrivait.

Le visage de ma mère a commencé à glisser le long du quai, on aurait dit que c'était elle qui partait, le quai tout entier qui reculait lentement vers les profondeurs de la gare et elle, debout, la main levée, dressée sur la pointe des pieds, qui ne me voyait plus.

On s'était regardés à travers la vitre, longuement, sans pouvoir nous parler. Je faisais des grimaces pour essayer de la faire rire, pour qu'elle n'ait plus ce petit visage froissé des moments où elle va pleurer. Puis le train a démarré sans bruit, j'ai vu ses lèvres qui formaient des mots et s'efforçaient de sourire. « Écris-moi vite, Léo, écris-moi vite », et déjà j'étais parti.

J'avais une drôle de boule dans la gorge, la même que la première fois où je l'avais quittée pour passer la semaine chez mon père. Après, on s'habitue : une semaine ici, l'autre là, c'est comme si on avait deux maisons, deux chambres, deux lits, deux bols pour le petit déjeuner et pas de maison du tout. Je veux dire : aucune à soi vraiment.

Mais peut-être que j'exagère. Chez mon père, je suis en visite. Depuis qu'il a quitté ma mère, je dors une semaine sur deux dans sa chambre d'amis. Il l'a décorée de posters, d'un abat-jour en forme d'avion, a mis mon nom sur la porte, mais je sais bien que ce n'est pas chez moi, juste une autre maison où il habite avec une femme qui n'est pas ma mère.

Un jour, il a dit :

– Léo, je te parle entre hommes, je sais que maintenant tu as l'âge de comprendre.

C'était juste avant qu'il s'en aille, il avait déjà partagé les CD avec ma mère, rangé ses livres dans des cartons. La penderie de l'entrée faisait drôlement vide sans ses costumes, et la bibliothèque était pleine de trous. J'ai dit que je comprenais, que j'étais assez grand. En fait, je n'ai vraiment compris que le premier matin, quand je n'ai plus vu son rasoir sur la tablette de la salle de bains. C'était ça qui me réveillait avant, le bruit de son rasoir électrique, les airs qu'il sifflotait en faisant sa toilette, l'odeur de son après-rasage.

Mais j'exagère encore, il y a longtemps qu'il ne sifflotait plus à la maison. Depuis qu'ils ne s'aimaient plus, ma mère et lui, ça aussi je pouvais le comprendre. Mais il m'arrive encore de m'éveiller le matin en croyant l'entendre, alors que c'est le voisin du haut ou le sèche-cheveux de ma mère.

Chez lui, maintenant, il a un rasoir jetable parce que son amie trouve que ça lui fait des joues plus douces. Il me regarde quelquefois à travers la mousse, je crois qu'il veut me dire quelque chose, mais il ne dit rien, comme s'il n'arrivait plus à trouver ses mots depuis le jour, au restaurant, où il m'a dit qu'il s'en allait.

C'est peut-être ce jour-là que j'ai arrêté de grandir.

Je ne sais pas. Ils disent que c'est un problème de croissance. Moi, je crois que c'est à cause de la sixième. Depuis que je suis entré au collège, je redouble 1,22 mètre. Mes copains chaussent du 44, et moi, je mets toujours mes baskets du CM2, celles que mon père m'a payées juste avant le restaurant.

Quand je me mets en chaussettes contre le chambranle de la porte de ma chambre, j'arrive tout juste à la marque au crayon bleu qu'il a faite à mon dixième anniversaire. Je regarde les autres, cochées année après année, et je me demande à quelle marque mes parents ont cessé de s'aimer.

Il paraît que ça arrive. Crise de croissance, les os qui ne travaillent plus. Le médecin dit que c'est psychologique, un nœud qui se fait dans la tête.

Il doit avoir raison. Depuis que je redouble ma sixième, j'ai l'impression que tout s'emmêle. En cours, avec M. Charlotot, j'arrive à voir par la fenêtre la grosse horloge du collège. Je la fixe pendant longtemps, les aiguilles restent immobiles, et puis soudain c'est la fin des cours, on change de classe, c'est comme si les aiguilles avaient sauté d'un coup sans qu'on les voie.

Est-ce que vous pouvez comprendre ça ?

C'est pareil pour les journées. Je me lève un lundi, c'est la semaine chez ma mère, je me dis que cette fois ce sera une super semaine, qu'elle n'aura que des bonnes notes à signer, et soudain c'est déjà un autre lundi, je me réveille chez mon père, mon bulletin pourri arrive, et je n'ai pas vu le temps passer.

Peut-être que l'autre sixième était la vraie, celle d'avant le redoublement. Peut-être que cette année-ci n'est qu'une année fantôme, un fantôme de sixième, comme dans ces films à la télé où des gens se réveillent par hasard dans une autre dimension.

Mon père dit que c'est la faute à notre époque, qu'à la sienne il n'y avait pas de télé ni de jeux vidéo pour bousiller la tête des gosses. Pourtant, c'est lui qui a acheté l'ordinateur et la petite télé de la chambre d'amis avant que je m'y installe. Mais j'ai préféré ne rien dire pour ne pas qu'il les enlève.

Il dit aussi qu'il est toujours mon père, que ce n'est pas parce qu'ils sont séparés, ma mère et lui, qu'il n'a plus rien à dire sur la façon dont elle m'élève. Ils se voient chez le pédiatre et aux rencontres parents-professeurs comme s'ils vivaient toujours ensemble, on dirait que tout est comme avant ces jours-là, sauf qu'ils me font asseoir entre eux, juste au milieu, et qu'ils se disputent en sortant.

La dernière fois, ça a vraiment bardé quand M. Charlotot leur a donné mes notes. Je passe en cinquième, il a dit, mais juste à l'ancienneté, parce qu'on ne peut pas tripler.

Quand on s'est retrouvés dehors, mon père était tout blanc. Il a dit :

– Il faut faire quelque chose. Un enfant coupé en deux, pas étonnant qu'il ne grandisse plus !

Il voulait dire coupé entre ma mère et lui, mais j'ai pensé coupé entre les deux sixièmes : une moitié seulement qui redouble et l'autre encore dans celle d'avant.

Mon père a ajouté :

– Il faut l'envoyer chez ma mère, à la campagne. Une vie plus saine. Je connais le collège là-bas, j'y ai fait toutes mes études. Crois-moi, on rigolait moins à cette époque. Un établissement à poigne, des petits paysans solides, rien à voir avec les cancres qu'il fréquente. Il s'y refera une santé. Redémarrage à zéro. Plus de casier judiciaire.

Ma mère a dit :

– Je ne sais plus quoi faire. Tu as peut-être raison. Depuis que tu es parti, il...

Mon père l'a coupée :

– Tu n'arrives plus à tirer quoi que ce soit de lui. Il sera pensionnaire et passera les week-ends chez mamie. Tu la connais : une femme d'une autre génération, avec des principes. Ça lui fera le plus grand bien. Pas de distractions à vingt kilomètres à la ronde, la bonne vie saine de la campagne.

« Et puis, il a ajouté, mamie est bien seule depuis que mon père est mort cet hiver. Léo lui fera une compagnie.

Moi, je ne disais rien, j'attendais que ma mère me défende, mais elle hochait la tête, l'air résigné, en me regardant de côté. J'ai pensé que je lui faisais une compagnie, à elle, depuis que mon père était parti, et qu'elle allait être bien seule sans moi.

– Essayons, elle m'a dit plus tard. C'est pour ton bien, tu sais. Écoute, voilà ce que nous allons faire : tu iras là-bas dès le mois d'août. Un séjour à l'essai. Tu décideras toi-même à la rentrée si tu restes. Ne le dis pas à ton père, mais je t'ai pris un aller et retour. Au cas où. Je suis sûre que tu t'y plairas, mon Léo. Essayons comme ça, d'accord ?

Je repensais à tout ça quand le train est sorti de la gare. On ne voyait plus les quais maintenant, juste les fils électriques qui montaient et descendaient de plus en plus vite le long de la fenêtre.

« Un séjour à l'essai », avait dit ma mère. J'ai regardé mon billet, le nom de la destination imprimé en bleu. Derrière, il y avait le coupon de retour. Un billet sans date, utilisable quand on veut. « Au cas où », elle avait dit. Je l'ai rangé soigneusement dans mon sac.

J'ai pensé qu'en fait d'essai, c'était tout vu.

J'ai beau ne mesurer que 1,22 mètre, mon père et ma mère ne se débarrasseraient pas de moi aussi facilement.

Léo la mauvaise pioche

Avec mamie, ça n'a jamais collé.

Elle n'aime que mes cousins Pont, avec leurs oreilles décollées, leurs cheveux ras et leurs chaussures bien cirées.

L'été, ils envahissent sa maison, mangent toutes ses confitures et vont à l'église en procession, habillés tous pareils. Ils appellent mamie « bonne-maman », ont un tour de vaisselle, des cahiers de vacances. Il faut les voir se ranger par ordre de taille pour les photos, tellement fiers d'être les Pont, une sorte de colo modèle que tout le monde admire parce qu'ils font leur lit au carré et doivent chercher dans un dictionnaire chaque fois qu'ils entendent un gros mot.

Une fois, j'ai passé des vacances avec eux chez papy et mamie.

On a passé l'été à s'envoyer des prunes trop mûres à la figure, on se roulait dans la boue, les petits pleuraient tout le temps, les grands faisaient leurs coups en douce et c'était toujours moi qui prenais à la fin. Le soir, dans les chambres, on faisait des batailles de polochon. Quand mon grand-père entrait, il trouvait les cousins en train de faire semblant de dormir et moi debout sur le lit, le pyjama déchiré, sautant sur les ressorts et hurlant comme un putois. Papy se fâchait, alors ils ouvraient des grands yeux hypocrites, gémissant à qui mieux mieux :

– C'est lui, bon-papa ! C'est Léo qui fait rien que nous empêcher de dormir !

Quand papy quittait la chambre, ça repartait de plus belle, on se mettait des raclées jusqu'à ce qu'il revienne et tout recommençait.

Mamie était toujours de leur côté. C'était à moi qu'on laissait le vélo crevé, la corvée d'épluchage de pommes de terre et la chaise bancale.

– Prends donc exemple sur tes cousins Pont, disait mamie. Des enfants si sages, si bien élevés, qui font la fierté de leurs parents. Tandis que toi, mon pauvre Léo...

Moi, j'aurais adoré avoir plein de frères, mais surtout pas comme les cousins Pont. Cet été-là, j'avais inventé un nouveau jeu des sept familles : « Dans la famille Pont, je voudrais le crétin... Le pleurard... Le concombre... » Ils avaient tous leur surnom, ça les mettait en rage et ils finissaient chaque fois par me tomber dessus.

Quand mes parents sont venus me chercher, à la fin de l'été, mamie a dit que j'étais un gosse impossible, un mal élevé qui faisait sans cesse des histoires et ne pensait qu'à lui. Ça a été fini pour moi, les étés à la campagne. Je ne suis plus retourné en vacances chez mamie.

C'était il y a trois ans, juste avant que mes parents se séparent.

Je pensais à ça quand le train a ralenti, et aussi au cadeau que j'apportais : une sorte d'affreux vase jaune, avec un bec de canard, que ma mère avait trouvé en solde. Je l'ai planqué dans mon sac avec le billet de retour en me demandant ce que les cousins Pont auraient apporté à ma place. Ma mère choisit toujours des cadeaux ridicules. Mais c'était sans importance, je n'avais aucune envie d'offrir quelque chose à mamie.

Ce qui m'a fait drôle, c'est de la voir toute seule sur le quai. Sans papy. J'avais tellement l'habitude de les voir ensemble que c'était tout bizarre, comme s'il lui manquait un bras ou une jambe. Elle portait une robe noire et ses cheveux étaient tout blancs.

J'ai sauté du train et je me suis senti ridicule tout à coup avec mon short, mes baskets et mon T-shirt des Bulls. Dans cette gare minuscule, le taureau des Bulls avait l'air d'une pub pour un camembert.

Elle n'a pas bougé, le visage fermé, dévisageant les passagers qui descendaient du train, son sac à main serré contre elle comme si elle avait peur qu'on le lui vole. À l'idée que j'allais vivre avec elle, j'ai senti mes doigts de pied se recroqueviller dans mes baskets.

J'ai failli remonter dans le train, disparaître avant qu'elle ne m'ait vu. J'aurais raconté une histoire à ma mère, c'est facile, elle croit tout ce que je lui raconte. Au lieu de ça, je me suis avancé et j'ai dit :

– C'est moi, mamie, c'est Léo.

2
PERIGUEUX

– Léo ! Je ne t’avais pas reconnu. As-tu fait bon voyage ?

Elle m’a passé la main dans les cheveux avant de m’embrasser. J’ai toujours détesté ça. Ça m’a rappelé les têtes en brosse des cousins Pont, toutes nettes et toutes propres à côté de ma tignasse dans laquelle mamie rêverait bien de tailler à la tondeuse à mouton.

Elle a demandé :

– C’est tout ce que tu as comme bagages, cette valise et ce petit sac ? J’espère que ta mère a pensé à te donner des pulls. Il fait frais ici, le soir.

Elle a regardé mon T-shirt des Bulls en fronçant les sourcils, puis elle a ajouté :

– Numéro 23, dis donc, ça ne serait pas le poste de Michael Jordan ?

Ça m’a laissé sur les genoux qu’elle connaisse Jordan et les Bulls. Est-ce qu’elle avait révisé avant de venir ?

Je n’ai pas eu le temps de lui poser la question.

– Drôle de tenue pour voyager, elle a dit. Est-ce que tu n’as rien de plus correct à te mettre ? Parce que ici, tu sais, le basket…

Elle a poussé un soupir avant de s’emparer de ma valise.

– Tes cousins ont laissé quelques affaires, elle a continué. Il devrait bien y en avoir à ta taille. Je me demande quelquefois à quoi pense ta mère quand elle t’habille… Mais bon, nous nous débrouillerons.

C’était du mamie tout craché. Elle appelle ma mère

sa « bru », ne rate pas une occasion de la critiquer ou de lui faire la leçon. Ça m'a refroidi d'un seul coup et j'ai pensé au vase jaune tout au fond de mon sac, dans son papier cadeau froissé. J'avais bien fait de le planquer.

Je me suis vu aussi dans un blazer mité des cousins Pont, déguisé par mamie en garçon d'honneur pour la prochaine rentrée des classes. Je me suis vu entrer en cinquième dans l'ancien collège de mon père, la cravate autour du cou et un petit cartable à la main comme sur les photos qu'il m'avait fièrement montrées.

– Est-ce que mamie t'obligeait vraiment à t'habiller comme ça ? j'ai dit en rigolant.

Ça l'a vexé, il a refermé l'album d'un coup sec en disant que je ferais moins le mariole quand je serais chez mamie.

– Avec elle, il a dit, pas question de te présenter en classe avec le T-shirt qui sort du pantalon. Quant au collège, j'espère que tu m'y feras honneur. Ils ne t'ont accepté que parce que je suis un ancien élève. Des méthodes traditionnelles, tableau d'honneur, bons points, distribution des prix et tout le tralala. Ça te fera le plus grand bien.

Je ne sais pas ce qu'il voulait dire avec son « tralala », mais ma décision était prise : plutôt redoubler ma sixième jusqu'à la retraite que d'aller à l'ancien collège de mon père.

Le plan était simple, en fait : me rendre tellement

insupportable que mamie finisse par craquer et me remette dans le train avant la rentrée des classes.

J'avais un mois pour réussir. Un mois pour échapper aux travaux forcés, aux bons points et au prix de conduite.

– Tes lacets, a dit mamie comme on sortait de la gare. Attention, ils sont dénoués.

– Ils ne sont pas *dénoués*, mamie, j'ai fait. Juste pas attachés. C'est la mode.

– De se casser la figure en marchant dessus ? Drôle de mode, elle a dit. Rattache-les quand même, s'il te plaît.

En fait, rien n'avait changé avec mamie depuis l'été des cousins Pont.

Au jeu des sept familles, j'étais toujours pour elle Léo le nain, Léo le mal peigné, Léo l'éternel redoublant. Pas son petit-fils, non. Juste Léo la mauvaise pioche.

Mais cette fois, j'ai pensé, elle ne perdait rien pour attendre.

Le cadeau

Seyrac, sur la carte de France, doit être aussi gros qu'une crotte de mouche. Le train s'arrête à Périgueux, après il faut se débrouiller tout seul.

On est montés dans la 2 CV de mamie, une vieille Citroën peinte en jaune que papy avait rachetée au facteur, et on a pris la route vers le village.

Mamie conduit plutôt sec. La bagnole filait à travers la forêt, j'entendais le choc de ma valise qui bringuebalait dans la malle arrière à chaque virage. J'ai pensé à ce film où James Bond dévale des champs d'oliviers en 2 CV, poursuivi par des méchants en Mercedes qui finissent en omelette dans un poulailler. En fait, c'est à peine moins dangereux d'être piloté par mamie : elle parle sans arrêt et ne regarde pas la route. Elle avait enlevé la capote et la vitesse me dressait les cheveux sur la tête.

– Tu verras, elle criait pour couvrir le raffut du moteur, je t'ai préparé la chambre du fond. Tu y seras comme un coq en pâte.

Je me suis accroché à la poignée de la portière tandis qu'elle évitait de justesse un camion de bûcherons. Puis le village a surgi dans un creux du vallon : quelques maisons blanches, une rue droite, un petit pont qu'on a franchi en trombe tandis que les pêcheurs se jetaient dans la rivière tout en nous montrant le poing.

– Coucou ! faisait mamie en agitant la main. Tu vois, c'est la politesse typique de la campagne, ils ne manquent jamais de me dire bonjour quand je passe.

La route remontait à travers la forêt. On a brûlé un stop, puis elle a pilé net pour s'engager dans le petit sentier caillouteux qui mène à la maison.

– Nous y voilà, mon Léo, elle a dit en serrant le frein à main. Vingt-sept minutes, montre en main. Ton pauvre papy n'a jamais pu faire moins de trente-cinq minutes, même après trois apéritifs. Qui a dit que les femmes ne savent pas conduire ?

Je suis descendu péniblement de la voiture. Mes jambes étaient toutes molles, un virage de plus et je crois que j'aurais rendu la pizza du wagon-restaurant dans la boîte à gants.

Sous mes pieds, le gravier a crissé bizarrement.

Qu'est-ce qui avait changé ? C'était bien le bâtiment dont je me souvenais : le corps de ferme, les hangars, la réserve à bois, la cour fermée par le portail aux clous épais comme des petits doigts.

Tout me semblait plus vieux, presque à l'abandon. La vigne vierge qui couvrait la façade avait viré au rouge, une longue lézarde serpentait jusqu'au toit où des tuiles cassées faisaient comme une tache sur un tapis usé.

C'était peut-être juste le soir qui commençait à tomber, la fatigue du voyage... J'avais gardé le souvenir d'une grosse baraque, presque un manoir, avec des fenêtres si hautes qu'il fallait grimper sur un tabouret pour atteindre le loquet et des pièces immenses où la lumière entrait à flots, baignée de jaune et de vert par les champs tout autour. Elle me paraissait sinistre tout à coup, glaciale malgré la tiédeur du soir.

Mamie a poussé la porte, on est entrés juste à l'instant où s'éteignait la sonnerie du téléphone. « Et si c'était ma mère ? », j'ai pensé. Ça m'a fait drôle qu'elle soit si loin tout à coup, inquiète de savoir si j'étais bien arrivé. Ma mère est comme ça ; elle a toujours peur des accidents, qu'on m'enlève ou je ne sais quoi... Mais qui pourrait bien vouloir de moi ?

J'avais beau lui en vouloir de m'avoir expédié chez mamie, j'aurais bien voulu que le téléphone se remette à sonner.

– Riche idée de voyager en T-shirt, a grommelé mamie en me tendant un mouchoir. Tu as attrapé un rhume.

– C'est pas un rhume, mamie, j'ai dit, c'est juste les acariens.

Ça m'avait pris à peine la porte franchie. Dedans, ça sentait la cire, la poussière, le feu éteint, les pommes trop mûres. Ça n'a pas raté. Je me suis mis à éternuer comme si je venais de sniffer une demi-tonne de poil à gratter.

– Les acariens ? Moi, j'appelle ça un bon coup de

froid, a répliqué mamie en haussant les épaules. Voilà ta chambre. Va te débarbouiller le museau, puis je te préparerai une tisane au thym. Je ne connais rien de mieux pour soigner les lapins.

Comme je n'ai pas de museau, je me suis assis sur le lit en attendant que la crise passe. C'est un des trucs qui m'énerve chez mamie : les mots qu'elle emploie. Elle dit « museau » pour figure, « ôte tes pattes sales de là » quand on touche à quelque chose d'interdit et « je vais te dresser ! » quand elle est en colère. Avec elle, les enfants ne sont que des petits animaux malpropres. Ma mère dit que c'est une façon de parler de la campagne, qu'il ne faut pas faire attention. Mais quand mamie m'a traité de « progéniture », un jour, ça a failli mal tourner : j'ai cru que ma mère allait lui envoyer son bol de soupe à la figure !

La chambre où mamie m'avait installé est tout au fond de la maison. Une chambre au plancher en pente, avec deux grands lits où on dormait à quatre autrefois avec les cousins Pont. Sans eux, elle paraissait gigantesque, une sorte de dortoir désaffecté. J'ai vidé ma valise, caché le vase jaune et mon billet de retour dans le tiroir de la commode avant de rejoindre mamie à la cuisine.

– Assieds-toi. Tu dois avoir très faim.

J'ai dit non, parce que je n'avais pas envie de lui faire plaisir. Elle avait sorti mon rouleau de serviette de quand j'étais petit, avait préparé un poulet rôti et les pommes de terre au four que j'adore. Je me suis jeté dessus et j'ai même repris de la tarte aux abricots.

– Quand je te regarde, elle a dit, j'ai l'impression de revoir ton père au même âge. Pas la même coupe de cheveux, bien sûr, mais ce petit air buté, ces taches de rousseur… Ton père lui aussi adorait la tarte aux abricots.

Moi, je déteste mes taches de rousseur. C'est à ma mère que j'aurais voulu ressembler, pas à mon père. Je ne lui ai pas dit parce qu'elle me regardait avec un drôle d'air, à la fois gentil et fatigué.

– J'espère que tu ne t'ennuieras pas, mon Léo, elle a dit pendant que je l'aidais à faire la vaisselle. J'avais pensé inviter tes cousins pour te faire de la compagnie. Mais je ne me sens plus la force de m'occuper de tant de monde depuis que ton grand-père est mort.

Le mot m'a fait froid dans le dos.

– Ça fait rien, j'ai dit, j'ai l'habitude d'être tout seul.

– On va bien s'entendre tous les deux, tu verras, elle a continué. Tiens, j'allais oublier… Regarde dans le placard. J'ai un petit cadeau pour toi.

– Un cadeau ? Pour moi ?

– Et pour qui d'autre, nigaud ?

J'ai l'ai sorti du placard : c'était un ballon de foot en plastique avec un ruban cadeau autour.

Je l'ai fait rebondir sur le carrelage de la cuisine en prenant l'air ravi.

– Génial, mamie. Merci !

– Vrai, elle a dit, ça te fait plaisir ?

– J'adore !

Je n'ai pas osé lui dire que moi, c'était le basket et pas le foot que j'aimais, et que c'était pas un ballon pour un garçon de mon âge. À la place, j'ai filé à la chambre, j'ai pris le paquet que j'y avais caché et je le lui ai apporté.

– Tiens, j'ai dit, c'est pour toi.

Le vase jaune était encore plus laid que dans mon souvenir.

– Magnifique, merci mon Léo, elle a fait avant de m'embrasser bruyamment sur les deux joues.

Durant un instant, on est restés tous les deux sans rien dire avec nos cadeaux dans les mains, moi le ballon ridicule, elle le vase jaune, comme si on n'avait pas su quoi en faire.

– Je vais le mettre sur la cheminée, elle a dit enfin. En bonne place. Pour que tout le monde le voie en entrant dans la maison.

Sur la cheminée, il y avait aussi le cendrier en terre cuite que j'avais peint quand j'étais en primaire. Je me rappelle, j'étais très fier, c'était mon cadeau de Noël, un cendrier que j'avais fabriqué exprès pour papy.

Ça m'a fait drôle qu'ils l'aient encore, après toutes ces années. On aurait dit une crotte de chien multicolore, un truc sans forme qui ne servait plus à rien maintenant que papy n'était plus là.

Mamie a posé le vase jaune à côté, s'est reculée pour admirer l'effet qu'il faisait, puis elle a dit :

– Si on appelait tes parents ? Je suis sûre qu'ils doivent avoir hâte de te savoir bien arrivé.

À cet instant précis, le téléphone a sonné. C'était ma mère. Mamie l'a remerciée pour le vase avant de me la passer.

– Comment ça va ? a demandé ma mère.

– Bien, j'ai dit, mamie m'a offert un ballon, tout va bien, je vais passer des super vacances.

– Bon, a dit maman. Bon.

Mais au ton de sa voix, j'ai su qu'elle ne me croyait pas.

La borne

Ce que j'aime à la campagne, c'est le matin.

Je veux dire, le matin super tôt. À Paris, le week-end ou en vacances, impossible de me faire sortir du lit avant midi. Je traîne sous la couette en me racontant des histoires perso, l'oreiller sur la tête pour ne pas entendre l'aspirateur que ma mère fait rugir dans le couloir exprès.

À Seyrac, ce n'est pas la même chose. La chambre a deux portes : une qui donne dans la maison, l'autre directement dehors.

À peine réveillé, j'ai enfilé mes vêtements, des bottes en caoutchouc et je me suis glissé dans le jardin.

Le jour venait de se lever. J'ai fait le tour du bâtiment en frissonnant, excité comme si j'avais été la seule personne au monde debout à cette heure-là, une sorte de Robinson ou d'aventurier. L'herbe était trempée de rosée, ça sentait bon le frais, le neuf, j'avais l'impression, dans mes bottes, de faire des pas de géant.

Mamie devait encore dormir. Les volets de sa chambre étaient fermés, il fallait faire attention à cause du gravier qui crissait. Devant la cuisine, il y avait toujours le petit potager de papy. La balançoire sous le prunier avait pris un coup de vieux : la planche était cassée, la rouille des anneaux avait teinté les cordes qui s'effilochaient par endroits.

Avec les cousins Pont, on se disputait toujours pour l'avoir. On s'asseyait dessus puis, en poussant sur la pointe des pieds, on tournait sur nous-mêmes jusqu'à ce que les cordes soient bien enroulées l'une sur l'autre. On aurait dit une hélice remontée à fond. Quand on lâchait, on se mettait à tournoyer de plus en plus vite, comme emportés par un tourbillon ou, je ne sais pas, tombés dans le bol d'un mixer…

En descendant de la balançoire, le sol paraissait tout mou. On avait les jambes en coton, on zigzaguait en marchant comme si on était ivres et on se tombait dessus en crevant de rire. C'était magique.

L'atelier de papy était fermé. J'ai collé mon nez à la fenêtre, mais impossible de rien voir à l'intérieur. Les vitres étaient trop sales et couvertes de toiles d'araignées. Personne n'y était entré depuis longtemps.

Papy était le roi des bricoleurs. Il m'emmenait souvent chez Derouinot, la quincaillerie du village. Un magasin encombré d'étagères en bois avec, dessus, des milliers de boîtes de toutes les tailles. Les noms, écrits à l'encre mauve sur les étiquettes, ressemblaient à des formules d'armes secrètes : crochets X réf. 3303, mèches Tungst. Modèle 012, cartouches fusibles 10 A… Sauf que c'étaient juste des boîtes de vis et de clous, de joints de plomberie ou de petit matériel électrique que papy choisissait avec le patron en fumant ses grosses cigarettes papier maïs.

Des fois, j'allais le voir dans son atelier. J'avais le droit de rien toucher, je restais juste là à le regarder, avec tous ses outils rangés par tailles, les planches, les pièces de moteur démonté. Ça sentait le bois frais, la graisse, une odeur de pot de fleurs et d'herbes coupées. Il portait son bleu de travail, le mètre pliant dépassant de la poche, et toujours sur l'oreille un crayon ou un clou pour garder les mains libres.

J'aimais bien ces moments. Il y avait la fumée jaune qui montait de sa cigarette, des poussières prisonnières qui se poursuivaient dans un rayon de soleil. Je ne faisais rien, et pourtant il disait, comme si on travaillait ensemble :

– Attends, mon Léo, on va lui donner un bon coup de rabot… Là, comme ça… Maintenant, on va passer une couche d'enduit, pour que les bêtes ne l'attaquent pas, et on n'aura plus qu'à vernir.

Quelquefois, c'était moi qui lui passais les outils, mais la plupart du temps, je ne faisais que regarder. C'était des moments juste à nous, on aurait dit qu'il était content lui aussi d'échapper aux cousins Pont et à mamie.

Un jour, quand j'avais cinq ans, mon père a changé l'ampoule de la salle de bains. Il en a parlé pendant un mois, en prenant l'air modeste du type qui vient de réparer un vaisseau spatial. Plus tard, il a voulu poser des étagères dans la cuisine : il a commencé par faire des trous dans le mur, mais la mèche de sa perceuse s'est coincée dedans et elle s'est mise à tourner toute seule, projetant du plâtre et du béton dans toute la cuisine. On aurait dit que le mur avait été attaqué par un marteau-piqueur.

Il a prétendu que c'était la faute de la perceuse, que le type qui la lui avait vendue l'avait roulé – et il n'a plus jamais rien fait dans la maison.

Le plus bizarre, c'est qu'il y a des étagères dans la cuisine de sa nouvelle maison, alors que nous, on n'en a toujours pas. Est-ce que c'est lui qui les a posées ? « Il faudra que je le lui demande quand je rentrerai », j'ai pensé.

Tout à coup, je n'étais plus si bien dans le jardin, tout seul. Mes pieds étaient gelés dans les bottes, je commençais à avoir faim. Mon excitation était retombée et je tournais en rond sans savoir trop quoi faire. Je me suis assis sur la balançoire cassée en pensant à mon grand-père qui était mort sans l'avoir réparée. J'ai essayé de la faire tourner comme autrefois, mais ça ne m'amusait plus vraiment.

C'est alors que je les ai vus.

Ils passaient dans le champ en contrebas. Deux jeunes à peu près de mon âge. Un grand et un petit.

Ils ont dû me voir, eux aussi. Le grand s'est penché à l'oreille du petit et ils se sont arrêtés pour me regarder.

Est-ce qu'ils savaient qu'ils étaient chez nous ? Dans une propriété privée ? Au bout du champ, j'apercevais la borne qui marque les limites de chez mamie. Avec les cousins Pont, quand on jouait, on n'avait pas le droit de la dépasser, sinon on était privés de sortie pour le reste des vacances. On se racontait que c'était une borne gallo-romaine, ou un menhir, une météorite tombée du ciel et qu'au-delà, la forêt était pleine de pièges et de bêtes sauvages, et on jouait à se fiche la trouille en se cachant dans les herbes pour hurler à la mort.

Eux, le grand et le petit, ils étaient devant la borne, dans *notre* champ à nous, pas plus gênés que s'ils s'étaient promenés sur la route.

Je n'ai rien osé faire, peut-être parce que le grand était vraiment très grand, parce que je me sentais bête aussi, affalé à mon âge sur une balançoire pourrie alors qu'eux se baladaient tranquille, leur matériel de pêche sur l'épaule, comme si la campagne était à eux.

On s'est regardés un moment, après quoi ils ont continué leur chemin. Je ne voyais plus que les gaules, maintenant, qui dépassaient des herbes, puis ils ont disparu.

Sans réfléchir, j'ai dévalé le champ, courbé en deux pour qu'ils ne me voient pas. L'herbe était couchée à l'endroit où ils étaient passés, j'ai suivi leur trace jusqu'à l'autre borne, celle qui donne sur la rivière, mais ils avaient vraiment disparu.

« Des péquenots, j'ai pensé. Il faudra que je fabrique un arc ou un lance-pierre. Que je surveille le coin des fois qu'ils repasseraient. »

Je ne sais pas pourquoi, j'ai pensé à un copain de l'immeuble. Il s'appelle Gérard. Ce n'est pas sa faute s'il a l'air bête, mais c'est mon copain. Au début, on ne pouvait pas se voir, on avait découvert qu'on rentrait par le même chemin, qu'on habitait le même immeuble, et on se crachait dessus dans les escaliers. Après, on est devenus copains, j'allais chez lui le mercredi après-midi pour jouer sur sa Play Station et nous goinfrer de bonbons. Avec l'argent qu'il prend en cachette dans le sac de sa mère, il en achète au moins deux kilos par jour. Ça lui fait le teint jaune, les dents pleines de caries, mais on se bidonne sur sa Play Station en mettant la musique à fond jusqu'à ce que les voisins, furieux, finissent par sonner à la porte.

Au moins, c'est des bonnes journées.

Ça m'a donné le cafard de penser à Gérard, à mes copains de sixième, les redoublants et les autres, et à tous ceux de la cité. J'ai essayé de les imaginer ici, mais c'était impossible ; c'est que des enfants de la ville, ils ne survivraient pas longtemps à la campagne avec la pollution par l'oxygène, la chlorophylle et tous ces trucs qu'on ne trouve qu'ici.

Il y en a un, il s'appelle Touffik. Il est dans ma sixième, il est immense et il doit avoir au moins seize ans, mais il n'a jamais vu la mer, à part à la télé. Quand on est allés en sortie à Dunkerque, avec la prof de SVT, il s'est planqué toute la journée dans un bunker enterré de la dernière guerre mondiale pour regarder les jambes des filles qui passaient sur la plage. Pendant qu'on ramassait des coquillages et des espèces d'herbes gluantes pour le prochain cours de SVT, il a fumé tellement de cigarettes qu'il a vomi tout son pique-nique dans le car du retour. Ça n'était pas vraiment de sa faute : c'était la première fois qu'il quittait la cité, l'air de la mer l'avait rendu malade, mais la prof de SVT ne nous a plus jamais amenés en sortie. « Des cas désespérés », elle a dit. Puis Touffik a quitté la sixième aux vacances de Pâques, pour faire son service militaire, il paraît, mais elle n'était déjà plus là, elle était partie dans un établissement pour profs qui s'appelle « maison de repos de la mutuelle », et on n'a plus eu SVT jusqu'à la fin de l'année.

Quand j'ai raconté ça à mamie, après le déjeuner, elle a fait une drôle de tête.

« De mon temps... », elle a commencé, mais je n'ai pas écouté la suite. Je pensais au petit et au grand que j'avais vus passer dans le champ avec leur matériel de pêche, à la façon dont ils m'avaient regardé, assis sur ma balançoire cassée.

Les prunes m'avaient donné mal au ventre, je serais bien resté là dans le fauteuil à regarder un feuilleton à la télé, mais mamie a dit :

– Viens, tu vas m'aider à jardiner. Il y a toutes ces mauvaises herbes à enlever dans les massifs, ça te fera du bien de t'aérer un peu.

On est sortis, et quand on a eu fini de s'aérer, il y avait une pleine brouette de mauvaises herbes à porter sur le tas de déchets derrière la maison. Mamie m'a passé des allumettes.

– C'est toi l'homme de la maison maintenant, elle a dit, et on est restés tous les deux à regarder fumer l'herbe humide, immobiles, en silence, jusqu'à ce que le soir tombe.

– Tu es doué, elle a dit en rentrant. Désormais, c'est toi qui t'occuperas de la cheminée.

Je me suis demandé si elle pensait à la fois où Gérard et moi on avait mis le feu au vide-ordures de l'immeuble, mais non, elle parlait sérieusement, alors j'ai rapporté des bûches du hangar à bois, je les ai disposées dans le foyer en faisant gaffe à laisser l'air passer par-dessous, et quand la flamme a crépité, j'étais plutôt content de moi.

C'est vrai, j'aime bien m'occuper du feu. Je rêve des fois que je suis un cow-boy ou un trappeur, et que je me fais cuire un lapin que j'ai chassé avant de m'enrouler dans une couverture en écoutant les braises craquer doucement. J'ai un cheval attaché à une branche, je l'entends qui s'ébroue dans l'obscurité, il y a des étoiles plein le ciel, et je graisse mon six-coups dans le noir au cas où surgiraient des Indiens au beau milieu de la nuit.

– Ça te dirait de faire un Scrabble avant le dîner ? a demandé mamie.

Je n'ai pas osé dire non, que j'aurais préféré rester à rêvasser près de la cheminée, alors elle a installé le plateau et on a fait une partie.

Mamie, elle ne connaît que des mots qu'on ne dit jamais : des mots pleins de Z et de W, des mots comptent triple qui feraient halluciner M. Charlotot s'il les trouvait dans une rédaction. Moi, je ne connais qu'un mot qui commence par Z, un mot de trois lettres qui finit par OB, et quand je l'ai placé, Mamie a dit : « D'accord, si c'est comme ça que tu le prends », avant d'étaler un sept lettres qui nous a fait bien rigoler.

– Qu'est-ce que tu crois ? elle a dit. Que tu es le seul spécialiste des gros mots ?

Mamie, autrefois, était institutrice. Elle s'appelait Mme Portefoin et avait les CM1 à l'école du village. Cela pour dire que la partie n'était pas équilibrée. Le mot « Scrabble », déjà, je ne sais pas l'écrire, en plus je suis nul en orthographe, alors on a vite terminé, on est passés à table et c'était la fin de la journée.

– À demain, mon Léo, elle a dit. Il est temps d'aller se coucher.

J'ai regardé l'horloge. Vingt-deux heures trente. Ça m'a fait un choc : c'était le deuxième soir de suite qu'on passait sans allumer la télé ! Je n'aurais jamais cru que c'était possible. « Mes copains ne me croiront pas quand je le leur raconterai », j'ai pensé, et j'ai filé au lit sans demander mon reste.

J'avais les paupières qui tombaient toutes seules. Je me suis déshabillé, je me suis mis au lit et, quand tout a été éteint et qu'il n'y a plus eu de bruit dans la maison, je me suis relevé en douce.

L'armoire a grincé quand je l'ai poussée, mais personne n'a entendu. À tâtons, j'ai trouvé la brique descellée dans le mur et je l'ai enlevée avec précaution.

Je n'aurais jamais pensé qu'il s'y trouvait encore. J'avais le cœur qui battait en mettant ma main dans le trou. J'ai senti quelque chose sous mes doigts et j'ai poussé un soupir de soulagement.

Il était bien là, à l'endroit où je l'avais caché pour que les cousins Pont ne le trouvent pas.

Mon bon vieux lance-pierre.

Une arme de précision, même si je devais manquer d'entraînement après trois ans.

J'ai remis la brique et l'armoire en place, et je suis retourné au lit en vérifiant l'élastique : un peu usé, mais il marchait encore. J'ai glissé le lance-pierre sous mon oreiller et me suis endormi aussitôt.

Les réglisses

Dès l'aube, j'étais dehors, embusqué dans la fourche du grand laurier boule.

À l'endroit où les branches maîtresses se rejoignent, le tronc fait une sorte de plateforme verdie par la mousse. Une couverture sur les épaules à cause de la rosée, je me suis posté là, des munitions plein les poches, choisies parmi les cailloux ronds et lisses de la cour. J'avais le fond du champ en ligne de mire, et l'entrée du petit chemin dans la forêt par lequel ils avaient surgi. Impossible de les manquer.

Pour m'échauffer, j'ai visé un merle qui sautillait dans les herbes et je l'ai raté de peu. Tant mieux.

Avec papy, quelquefois, on descendait tous les deux à un petit lavoir abandonné, tout près de la rivière. Papy portait la carabine à plombs cassée au creux du coude, je disposais de vieilles boîtes de conserve sur le mur du fond et, chacun à notre tour, on tirait pour tenter de les dégommer. Ce n'étaient que des boîtes vides de cassoulet ou de pêches au sirop, mais j'avais l'impression d'être un chasseur de fauves. La carabine était si lourde qu'à la fin, j'en avais les bras qui tremblaient.

Où est-elle passée aujourd'hui que papy n'est plus là ?

Mamie a toujours détesté les armes à feu. C'est ça qui était bien : l'impression de faire un truc entre hommes, juste papy et moi, même si elle nous passait un savon quand on rentrait parce qu'on avait oublié l'heure du déjeuner.

En fait, j'aurais mieux fait de faire la grasse matinée. Le grand et le petit ne se sont pas montrés ce matin-là. Le suivant non plus. On aurait dit qu'ils avaient compris que je gardais la propriété maintenant, qu'ils devaient faire un détour s'ils ne voulaient pas se faire tirer comme des lapins.

J'étais hyper déçu. J'avais l'air fin à faire le guet dans mon arbre, avec mon lance-pierre rafistolé, sans personne pour me voir !

J'ai pris le ballon de mamie, et je me suis mis à jouer au foot contre le mur du hangar. Ce qui devait arriver est arrivé, malheureusement : une reprise de volée loupée, et *pan !* le ballon a fracassé la vitre de la cuisine.

Mamie est apparue en bigoudis et robe de chambre, et elle a dit d'un air navré :

– Décidément, tu n'en rates pas une, mon pauvre garçon. Qu'est-ce qu'on va bien pouvoir faire de toi ?

Je n'ai pas voulu expliquer que je gardais la maison et qu'elle n'avait plus rien à craindre des rôdeurs, désormais. À quoi bon ? J'ai planqué mon lance-pierre et je suis rentré, un peu honteux, pour l'aider à faire le ménage.

Mamie n'est pas du matin. On dirait toujours qu'elle est tombée du lit après un tremblement de terre. Elle passe ses matinées à battre à mort tapis et édredons et à exterminer rageusement le moindre atome de poussière qui pourrait survivre sous les meubles. On a intérêt à croiser au large si on ne veut pas en prendre pour son grade. Ça dure jusqu'au déjeuner, c'est à peine si elle desserre les dents, mais après la vaisselle, quand elle s'assied enfin pour le café, ça va mieux d'un seul coup.

– Mets des vêtements corrects, elle m'a dit ce jour-là. J'ai des courses à faire au supermarché.

On a pris la voiture jusqu'au centre commercial et on s'est garés sur le parking. Ça ressemblait à chez nous, j'avais l'impression de retrouver la civilisation et la vraie vie…

Sauf qu'au lieu de faire un tour au rayon BD, d'éventrer des paquets de gâteaux et de tous les manger avant d'arriver aux caisses, ce qu'on fait le mercredi aprèm avec Gérard et mes copains, je me suis retrouvé à pousser interminablement un Caddie derrière mamie comme un chien de traîneau.

Au rayon boucherie, le type derrière le comptoir a lancé :

– Tiens, bonjour m'ame Portefoin. C'est quoi qui vous ferait plaisir aujourd'hui ? Entrecôte ou palette ?

– Bonjour, Maurice, a dit mamie. Comment va la petite famille ? Voici Léo, mon petit-fils.

Le type a essuyé ses grosses pognes pleines de sang avant de me tendre l'avant-bras :

– Tout votre portrait, m'ame Portefoin. J'peux te l'dire, mon garçon : c'est grâce à ta mamie que j'sais poser une addition. Tous les coups de règle qu'elle a pu me donner sur les doigts !

Même chose chez le fromager, puis au rayon mercerie :

– Votre petit-fils, m'ame Portefoin ? Ça alors, j'arrive pas à y croire ! Me v'là vieillite d'un seul coup…

– Vieillie, Lucette, pas « vieillite »… Toujours fâchée avec tes participes passés, alors ?

– C'est pas faute d'avoir fait des lignes, m'ame Portefoin. Jamais pu dépasser 8 sur 20 avec vous. Comme je dis toujours : « Sévère mais juste », c'est comme ça qu'elle était, ta mamie, mon garçon !

Moi je faisais le petit-fils modèle, tout sourire, prêt à faire le beau ou à tenir un sucre en équilibre sur mon nez si elle me l'avait demandé. Il ne me manquait plus que la cravate et le blazer des cousins Pont. Je l'ai vite compris : les trois quarts des employés du supermarché étaient d'anciens élèves de mamie, à l'école primaire de Seyrac.

Et soudain, la cata…

Au rayon confiseries, un vieux réflexe : j'ai fauché un sachet de réglisses que j'ai glissé dans ma poche pendant qu'elle avait le dos tourné.

– Un instant, jeune homme, a fait une voix.

Je ne l'avais pas vu arriver celui-là. Un agent de

sécurité, genre malabar, qui a fondu sur moi, l'air pas commode du tout. J'ai sursauté, pris un air innocent, mais j'avais les oreilles si rouges qu'elles devaient presque clignoter.

– Vous allez devoir m'accompagner au poste de sécurité, il a fait en posant sa grosse main sur mon épaule.

– Ah, bonjour, André ! a lancé mamie en surgissant à son tour. Je te présente Léo, mon petit-fils. Mais qu'est-ce que je vois, tu te ronges toujours les ongles ?

Le malabar a rougi et lâché mon épaule pour planquer sa paluche dans sa poche.

– Une habitude vraiment détestable, a poursuivi mamie en fronçant les sourcils. Un grand gaillard comme toi, tout de même !

– C'est la nervosité, m'ame Portefoin, a bredouillé le vigile. Le stress du métier. Comme ça, euh… c'est votre petit-fils ?

– Un garçon très serviable, a opiné mamie. Eh bien, je crois qu'on n'a rien oublié. Je te souhaite une bonne journée, André. Tu viens, Léo ?

– Euh… bonne journée à vous aussi, m'ame Portefoin, a fait le vigile.

Je ne faisais pas le fier en me dirigeant vers les caisses. Mamie, sans le savoir, venait de me sauver la mise. Je l'avais échappé belle.

Je l'ai aidée à vider notre chariot sur le tapis roulant et, au moment de payer, elle a dit à la caissière :

– Tu compteras les réglisses de mon petit-fils à part, Mireille. C'est sur son argent de poche.

Je devais être écarlate en sortant sur le parking. On a mis les courses dans le coffre de la 2 CV. Je m'attendais à un remontage de bretelles en règle quand on serait tous les deux, mais mamie n'a pas ouvert la bouche tout le long du retour.

– Tu devrais éviter les réglisses à l'avenir, elle a dit en garant la voiture. Ça fait les dents noires et ça donne des caries.

– Oui, mamie, j'ai dit.

– Je vais me reposer un moment. Après, si ça te tente, on fera une partie d'échecs.

Je ne me le suis pas fait dire deux fois. J'ai rangé les courses puis j'ai sorti le vieil échiquier de papy, le coffret en bois où on range les pièces, je les ai disposées soigneusement à leur place et j'ai attendu que mamie revienne.

– À nous deux, maintenant, elle a dit en s'asseyant en face de moi. Tu te souviens des règles, mon Léo ?

En fait, je n'ai jamais appris à jouer aux échecs. Quand mon père venait ici en vacances, il faisait de longues parties avec papy après le dîner. Ils s'installaient sous le mûrier, j'avais juste le droit de regarder en silence, sans poser de questions ni bouger un cil.

J'ai dit : « Je crois, mamie », et on a commencé à jouer.

Au début, ça m'a fait drôle de toucher les pièces. On aurait cru de minuscules statuettes antiques, toutes usées et polies par le temps, comme en découvrent les archéologues dans les films. Chacune a une façon différente d'avancer. Le plus compliqué, c'est le cheval parce qu'il marche en crabe. J'étais si concentré pour ne pas me tromper que, quand j'ai pris finalement la dame de mamie avec mon fou, il faisait nuit noire dehors.

– Échec et mat, je crois.

Mamie a regardé l'échiquier puis s'est penchée vers moi :

– Tu es sûr que tu n'avais jamais joué avant ?

– Sûr, mamie, j'ai fait.

Comme elle me fixait bizarrement :

– J'ai fait un coup interdit ?

– Non, non. Au contraire.

– On fait la revanche, alors ?

– Si tu veux, elle a dit. Tu es fort, mon Léo. Très très fort pour quelqu'un qui n'a jamais appris... Il faudra que je te présente quelqu'un.

J'ai replacé les pièces sur l'échiquier et joué mon premier coup. Sur les cases blanches, les pions noirs ressemblaient à des boules de réglisse.

J'ai gagné facilement la revanche et la partie suivante.

Collège Blaireau

Le lendemain, il pleuvait. J'aurais bien passé l'après-midi au coin du feu à jouer aux échecs avec mamie, mais elle en avait décidé autrement.

– Je dois aller chez le coiffeur, elle a dit. Nous en profiterons pour faire une petite visite à ton futur collège. Tu n'as vraiment rien d'autre à te mettre que ce T-shirt qui te tombe sous les genoux ? Rentre-le au moins dans ton pantalon, par pitié.

Chez le coiffeur, j'ai attendu qu'elle ait fini sa couleur et sa mise en plis. Quand on est sortis, on aurait dit qu'elle portait sur la tête un gâteau de communion. Ses cheveux étaient gonflés et presque fluo à cause de la laque.

– Toujours aussi élégante, madame Portefoin, a dit le directeur du collège en nous recevant dans son bureau. Alors, voici Léo… Quel âge as-tu, mon garçon ?

– Douze ans, bientôt treize, a répondu mamie pour moi.

– Bientôt treize ? a répété le directeur. C'est drôle, j'aurais dit moins. C'est qu'il n'est pas bien grand pour son âge.

– On est râblés dans la famille, a répliqué mamie sèchement, et ça a dû remettre le directeur à sa place parce qu'il a proposé aussitôt de nous faire visiter le collège.

En fait, le collège de Seyrac ne ressemble pas à un vrai collège. Dans le nôtre, les bâtiments sont en préfabriqué. Le prof d'arts plastiques a fait peindre des fresques hip-hop sur les murs, il y a des tags partout, des traces d'incendie et des chewing-gums séchés collés sur les plafonds. Dans la salle de M. Charlotot, les pieds des chaises n'ont pas la même longueur et les tables sont tellement pleines de trous qu'on sait tout de suite qu'on ne pourra pas écrire dessus.

– Notre établissement date de 1812, a dit fièrement le directeur quand on est sortis dans la cour. C'est un ancien couvent, reconverti en pensionnat à la fin de la guerre... Une question, Léo : sais-tu qui est ce Louis Blériot qui a donné son nom au collège ?

– Louis Blaireau ? j'ai dit. Non. Je suis nul en histoire.

Le directeur a fait semblant de trouver ça drôle avant d'expliquer que c'était un célèbre aviateur. Il nous a montré le préau, les classes décorées de cartes de géographie, les vitrines remplies d'animaux empaillés et de fossiles du cabinet des sciences, comme on appelle ici la salle de SVT.

Rien, au collège Blaireau, n'a le même nom que chez nous. Le « réfectoire », par exemple, c'est la cantine, mais avec une immense table de moines au milieu, de petits éviers contre les murs et, par terre, un carrelage si luisant qu'on pourrait manger dessus.

– Y a pas de self ? j'ai demandé.

Les mots anglais ne sont sans doute pas encore arrivés à Seyrac, parce que le directeur a pris l'air idiot et qu'on est montés directement au dortoir.

– Vos futurs appartements, jeune homme, il a plaisanté en ouvrant une lourde porte avec son trousseau de clés.

Deux rangées de lits militaires autour d'une allée centrale, une petite armoire et une table de nuit, des rideaux jaunes suspendus à une tringle en fer... C'était là que j'allais dormir quand je serais pensionnaire ? Si mamie n'avait pas été là, j'aurais pris mes jambes à mon cou. Ma tête s'est mise à tourner en pensant à ma petite chambre à moi, avec mes posters de basket, mes fanions de la NBA et ma collection de cannettes de soda.

– Ça ne va pas ? a demandé mamie.

– Une envie pressante, j'ai menti.

Le directeur m'a indiqué le chemin, puis ils ont commencé une grande discussion à mi-voix pendant que je dévalais les escaliers quatre à quatre.

Les lavabos se trouvaient juste sous le dortoir, une pièce fraîche et tout en longueur avec des douches et des éviers pour la toilette du matin. Sympa en plein été, mais je n'ai pas pu m'empêcher d'imaginer ce que ce serait de prendre une douche ici, en hiver.

Je me suis penché pour boire au robinet, et c'est alors que j'ai vu l'inscription.

Deux mots et une date grattés au cutter sur l'émail de l'évier :

Jean-Paul 1968

J'ai dû la relire une seconde fois avant de réaliser. C'est que mon père s'appelle Jean-Paul. En 1968, il avait douze ans, exactement mon âge, et il entrait en cinquième au collège Blaireau.

Ça m'a fait un choc, comme s'il avait laissé ce message exprès pour moi, pour que je le découvre trente ans après.

L'occasion était trop belle. J'étais seul dans les lavabos, alors j'ai sorti mon canif et, derrière le *l* de Jean-Paul, j'ai ajouté un *é* et un *o*, avant de graver mon année derrière la sienne.

Ça faisait :

Jean-Pauléo, 1968-1998

J'ai admiré mon œuvre un instant, puis je suis remonté à fond de train au dortoir, le cœur plus léger tout à coup sans bien savoir pourquoi.

Mamie était encore en conversation avec le directeur. Quand ils m'ont vu, ils ont paru gênés.

– Pas de problème. Il aura tout à fait sa place dans la section spéciale à horaires aménagés, a conclu le directeur avant de changer brusquement de sujet de conversation.

Ils croyaient que je n'avais pas compris ?

Je les connais, moi, les sections spéciales avec horaires aménagés : c'est là qu'on met tous les durs du collège, les cancres, les irrécupérables. Les « sections d'enseignement spécialisé » qu'on les appelle, des types qui ont au moins vingt-deux ans en troisième, qui apprennent la mécanique ou l'ébénisterie et qui rackettent les petits à la sortie. Même le prof de sport, M. Cornaud, avec sa mâchoire de culturiste, n'ose pas les arbitrer quand ils jouent au foot sur les installations.

Dans la voiture, quand on rentrait, mamie m'a demandé :

– Alors, mon Léo, qu'est-ce que tu en penses ?

– De quoi ? j'ai dit.

– Du collège Blériot !

– C'est cool.

J'ai pensé à son air horrifié quand je rentrerais le week-end de la section spéciale avec les doigts noirs de cambouis et de graisse de moteur.

Ça n'arriverait pas, de toute façon. J'avais le billet de retour de ma mère caché dans la commode. Je pourrais toujours dire à mon père que j'y étais allé, à son collège Blaireau, puisqu'il y tenait tant. S'il ne me croyait pas, il n'aurait qu'à demander à mamie. Mieux : qu'il regarde dans les lavabos. Il trouverait mon prénom écrit au canif juste à côté du sien.

– Pour fêter ça, je vais acheter des pâtisseries, a dit mamie en se garant devant la boulangerie. On les mangera à la maison.

Elle voulait dire : pour « fêter mon inscription à la section spéciale ».

Mais moi, ce que j'allais fêter en secret, c'était mon premier et mon dernier après-midi au collège Blaireau.

M. Litvak

C'est le soir où j'ai trouvé le vélo qu'est venu M. Litvak.

Toute la journée, assis à la fourche de mon arbre, j'avais guetté le passage du grand et du petit. Depuis qu'ils m'avaient aperçu, ils avaient dû avoir la trouille parce qu'ils n'étaient jamais revenus.

En bas, à la sortie de la forêt, j'avais installé un piège au cas où ils passeraient la nuit, ou le matin très tôt, quand je dormais encore : une ficelle tendue dans les herbes à laquelle j'avais accroché des boîtes de conserve et des petites cuillères fauchées dans la ménagère de mamie. De quoi faire un raffut de tous les diables... Mais la seule fois où le piège s'était déclenché, c'est un chien errant qui avait dû se prendre les pattes dedans et il avait fallu tout réinstaller.

J'ai trouvé le vélo un peu plus tard en allant chercher des bûches pour la cheminée.

Il était caché tout au fond du hangar à bois. Un vélo noir recouvert de poussière et de toiles d'araignées, dont la selle m'arrivait sous les bras. Rien à voir avec le bike de Touffik, par exemple, un VTT modifié course, plein d'options et de trucs chromés, la plus belle bécane du quartier avant que Touffik ne se viande en tentant la descente des escaliers de l'immeuble.

En fait, je n'avais jamais vu un vélo comme celui-là. Dans la pénombre du hangar, on aurait dit un morceau de machine agricole. Le cadre pesait une tonne, avec des roues énormes et des poignées de frein en forme de moustache. Les pneus étaient à plat, presque transparents tellement ils étaient usés, et le guidon était couvert de rouille et de crottes de souris.

Je l'ai sorti dans la cour, j'ai pris des outils dans l'atelier de papy, un chiffon, de l'alcool à brûler, et j'ai commencé à travailler. Bien frotté, le cadre s'est mis à reluire. Dessus, invisible sous la crasse, il y avait un autocollant à demi effacé sur lequel on pouvait lire « Cycles de Saint-Étienne ». J'ai astiqué les jantes, nettoyé les rayons un à un, resserré les câbles avec une pince spéciale. Les patins des freins étaient durs comme du caoutchouc brûlé. Avec une burette d'huile, j'ai graissé la chaîne, débloqué les pièces grippées, tout remis en état jusqu'à ce qu'on ne voie plus rien dans la cour parce que la nuit était tombée.

Je l'ai rentré dans le hangar à bois et je l'ai longuement admiré. Même bien nettoyé, ça restait un vélo nul, mais c'était mon vélo. C'était la première fois surtout que je réparais quelque chose au lieu de le casser. Je l'ai couvert d'un vieux drap pour le protéger de la poussière, j'ai éteint la lumière et je suis rentré tout content.

J'avais hâte de demander à mamie d'où venait ce vélo. Elle était assise au salon, une tasse de thé à la main, et elle a fait une drôle de tête en voyant la couleur de mes mains.

– Léo, elle a dit, je te présente M. Litvak. Il est venu pour te rencontrer.

Dans le fauteuil, en face d'elle, était assis M. Litvak. C'était un homme très petit et très vieux, je veux dire bien plus vieux que mamie, avec des cheveux jaunâtres et un long nez pensif sous des yeux globuleux. Par où était-il entré ?

Il m'a tendu la main sans un mot, et moi je lui ai présenté l'avant-bras, comme j'avais vu faire au boucher, à cause de mes mains sales.

– Bonjour, Léo, il a dit. Je suis content de te connaître.

Il avait un accent que je n'avais jamais entendu, un torse si maigre que sa voix semblait sortir d'un costume vide. Mais le plus étrange, c'était sa tête : une tête énorme, disproportionnée, comme si on l'avait vissée par erreur sur un corps qui n'était pas le sien.

– Va vite te débarbouiller, a dit mamie. M. Litvak voudrait te faire passer un petit test.

Une sonnette d'alarme a retenti aussitôt dans mon crâne.

Voilà que ça recommençait. Des tests, j'en ai fait des milliers depuis que mes parents ne s'aiment plus. Vous savez ce que c'est ? Des types genre médecins vous regardent au fond des yeux comme s'ils cherchaient un bug dans votre cerveau. On vous donne des cubes à empiler, des jeux de lettres, des diagrammes, des dessins de pizzas écrasées dans lesquels il faut reconnaître un papillon pour avoir 20 sur 20… Ils appellent ça des *tests psychologiques*, et ils peuvent expliquer après pourquoi vous faites encore pipi au lit, pourquoi vous ne grandissez plus, ou pourquoi il faut aussi de toute urgence vous envoyer en section spéciale au collège Blaireau…

– Oh, pas un test ! a corrigé M. Litvak de sa drôle de voix sans timbre. Pas un test, madame Portefoin, voyons !

Quand je suis revenu avec les mains propres, il était assis derrière l'échiquier, les pièces disposées bien en ordre devant lui.

– Assieds-toi, il a dit. Quelle couleur veux-tu, mon garçon ?

J'ai pensé qu'il voulait m'amadouer, que le test viendrait après, alors j'ai choisi les noirs, la couleur que je préfère, et on a commencé la partie.

M. Litvak jouait très vite, sans cesser de me regarder. D'abord ça m'a gêné un peu, ces deux yeux fixés sur moi, puis je n'ai plus vu que l'échiquier, le mouvement des pièces et les pièges qu'il me tendait. C'était plus dur qu'avec mamie parce qu'il fallait regarder partout pour déjouer toutes les menaces.

Un pion de retard, puis deux… Je me suis accroché, pas question de le laisser gagner. Ma tête était brûlante et mon corps glacé. Au vingt-huitième coup, j'ai

trouvé une combine qui regagnait les pions perdus : je l'ai jouée sans réfléchir. Cette fois, il a mis dix bonnes minutes pour répondre. Il ne me regardait plus, suçotant le tuyau de sa pipe en se grattant un sourcil.

Quand la partie s'est terminée, le thé que m'avait servi mamie était froid depuis longtemps.

– Pourquoi n'as-tu pas accepté mon sacrifice ? a demandé M. Litvak.

– Parce que c'était un piège : je perdais mon cheval le coup d'après.

– Aux échecs, on dit cavalier, pas cheval, il a corrigé en hochant la tête. Une jolie partie nulle, bravo.

– Alors ? a dit mamie.

Mon ventre gargouillait, l'heure du dîner était largement passée. M. Litvak a vidé sa pipe dans le cendrier et, quand il s'est levé, ses genoux ont craqué.

– Il faudra apprendre l'Est-Indienne, il m'a dit. C'est ton style.

– Je suis nul en géographie, j'ai fait en haussant les épaules.

M. Litvak a souri.

– C'est le nom d'une défense. Tu la découvriras là-dedans.

Il a sorti un livre de sa poche, l'a posé sur l'échiquier avant de se tourner vers mamie.

– Merci pour le thé, madame Portefoin. Je crois que nous ferons quelque chose de Léo. À bientôt, mon garçon.

C'est quand mamie l'a raccompagné jusqu'à la

porte que j'ai trouvé comment j'aurais pu gagner. Un coup un peu tordu, mais qui matait en trois coups si j'avais bien calculé.

– Monsieur Litvak ! j'ai crié en me précipitant dehors. Attendez !

Mais il avait déjà disparu dans la nuit.

Le grand et le petit

J'ai attendu d'être au lit pour ouvrir le livre que M. Litvak m'avait laissé.

La lecture, ça n'a jamais été mon fort. Je bute sur les phrases trop longues, les mots compliqués, les descriptions barbantes. Très vite, je me mets à rêvasser et, quand je reprends le livre, j'ai déjà tout oublié et il faut le reprendre à zéro.

Le livre de M. Litvak n'avait rien à voir avec ceux que M. Charlotot nous oblige à lire. À la place des paragraphes habituels, il y avait des suites de formules mêlant des lettres et des chiffres.

On aurait dit des messages codés comme s'en envoient les espions : 1. d4-d5. 2. c4-c6. 3. Cc3-Cf6…

Au début, j'ai cru que c'était ça, le test. Que M. Litvak voulait mesurer mon intelligence, chercher le bug lui aussi au fond de mon cerveau. Soudain, en découvrant les diagrammes montrant des positions, j'ai compris : les formules servaient à noter le mouvement des pièces sur l'échiquier. On pouvait suivre toute une partie avec ce mélange de lettres et de chiffres, comme on suit un morceau de musique sur une partition de solfège.

Très vite, je me suis aperçu que j'arrivais à lire ça facilement. Bien plus facilement que les classiques de M. Charlotot. C'était comme si j'entendais la musique des pièces sur l'échiquier. J'ai fait comme ça une partie dans ma tête, juste en visualisant le combat des pièces noires et des pièces blanches à partir des formules, puis je me suis endormi comme une souche.

C'est en me réveillant que j'ai repensé au vélo. J'ai enfilé mon pantalon, un pull par-dessus ma veste de pyjama, et j'ai foncé jusqu'au hangar à bois.

Il m'a paru encore plus beau que dans mon souvenir. Je l'ai sorti dans la cour, et j'ai pris une clé pour régler la selle à ma taille. Mais bizarrement, alors qu'elle était beaucoup trop haute la veille, elle ne m'arrivait plus qu'à hauteur de la taille, comme si quelqu'un l'avait baissée durant dans la nuit.

Il y avait aussi quelque chose de bizarre avec mon pull : les manches m'arrivaient tout juste aux poignets. Est-ce que mamie l'avait mis à la machine sans rien me dire et qu'il avait rétréci au lavage ?

J'ai repensé à M. Litvak, à ses étranges yeux globuleux et à sa voix d'hypnotiseur. Est-ce que c'était une sorte de magicien, capable de jeter un sort sur les choses pour les rapetisser ou les grandir à volonté ?

N'importe quoi. J'ai chassé cette idée ridicule et sauté sur mon vélo. En trois coups de pédale, j'étais sur la route.

Il faisait beau, les herbes du talus étaient luisantes de rosée. Le vélo était si lourd que je devais pédaler

en danseuse. Les pneus chuintaient doucement sur le macadam, la chaîne bien huilée tournait sans bruit, j'avais l'impression d'être un coureur dans la plus longue échappée de l'histoire du Tour de France. Léo seul contre tout le peloton ! Des moucherons dansaient dans la lumière. Il y avait très longtemps que je n'avais pas été aussi bien, grandi par ce vélo immense et le bruit du vent qui sifflait à mes oreilles.

Passé le plateau qui domine Seyrac, la route fait une courbe brusque et plonge au milieu des champs. J'ai arrondi le dos, cherchant la position aérodynamique parfaite comme on dit à la télé : la tête rentrée dans les épaules, les jambes repliées pour offrir le moins de prise à l'air – la position exacte de Touffik le jour où il s'était lancé dans l'escalier du troisième étage sur son VTT modifié.

J'ai pris de la vitesse, m'agrippant au guidon qui tressautait de plus en plus. Un premier virage sur les chapeaux de roue, un deuxième… J'allais au moins à 200 à l'heure. J'entendais le garde-boue qui tremblotait, toutes les pièces du vélo qui s'entrechoquaient de plus en plus fort.

Un petit coup de frein arrière à l'entrée d'une courbe, et là, catastrophe ! Le patin de caoutchouc s'éjecte de sa mâchoire. J'ai beau écraser la poignée, plus rien ne répond. J'essaie le frein avant, mais les patins trop usés partent en purée à leur tour.

Plus rien à faire, je file tout droit vers le remblai, debout sur les pédales. Je tente un ultime rétablissement, genre enduro, mais les pneus dérapent méchamment sur le gravier. Après, tout se précipite. À la place de la route, c'est un champ en pente raide qui s'ouvre sous moi. J'évite une motte, un arbre, et m'enfonce dans un lit d'herbes si hautes qu'elles me giflent les joues. Un coup violent, la roue qui se tord brutalement, un cri qui doit être le mien… je ne sais plus : je traverse en vol plané un bosquet d'arbrisseaux qui me labourent le visage.

Ma dernière pensée, c'est Touffik quand il s'est crashé dans la loge du concierge depuis le troisième étage. Puis je ferme les yeux et tout est noir.

– Hé ! Ça va ? T'es mort ou quoi ?

– Arrête, Antoine, tu vois bien qu'il s'est salement escagassé.

– S'il est mort, il a qu'à le dire, c'est tout. Pas difficile, non ?

J'ouvre un œil, le referme aussitôt, aveuglé par une flèche de soleil qui joue entre les feuillages.

– Il a bougé ! Vé, Lucas, le cascadeur, il a bougé !

– Il est seulement estourbi, Antoine. Laisse-le respirer.

Je chasse quelque chose de gluant qui me colle au visage : une feuille de nénuphar. Par chance, j'ai atterri dans la rivière. L'eau a amorti ma chute, mais je tousse et crache comme un perdu. Au-dessus de ma tête, je découvre mon vélo, suspendu aux branches d'un mûrier. La roue avant est méchamment tordue.

Je me redresse péniblement. J'ai encore deux bras, deux jambes. Mon corps me fait l'effet d'être un sac d'osselets, mais je suis entier.

– Oh, cascadeur, c'était quoi le numéro ?

– Une belle gamelle, en tout cas. Des trucs comme ça, on n'en voit pas beaucoup par ici.

Avant même d'ouvrir les yeux, je savais que c'était eux : le grand et le petit, ceux que j'ai attendus des matinées durant, armé de mon lance-pierre.

Une main secourable m'aide à reprendre pied sur la rive.

– Moi, c'est Lucas, dit le grand. Tiens, ça te fera du bien.

Ce qu'il me tend ressemble à un bâton de réglisse au bout incandescent. Le petit en a un aux lèvres et fait avec de gros nuages de fumée bleue qui montent dans le soleil.

– Sureau, dit le grand devant mon air ébahi. Tu enlèves l'écorce et ça se fume comme une clope.

Je tire une bouffée, histoire de ne pas me dégonfler. C'est bon, avec un goût sucré et acide en même temps.

– Moi c'est Antoine, fait le petit en me tendant deux doigts poisseux. Tu joues dans un film, ou la cascade, c'était juste pour la frime ?

– Les freins, j'explique. Ma bécane qui m'a pété entre les doigts.

Le grand vient de la dégager des branches où elle est suspendue et l'examine en se grattant la tignasse.

– Deux trois trucs bien tordus, mais rien de grave. Où tu as trouvé ce machin préhistorique ?

– C'est le vélo de ma grand-mère, je mens. Je l'essayais pour lui rendre service.

– Celle qui habite la maison du plateau ? T'es le p'tit-fils à m'ame Portefoin, alors, dit le petit en crachant dans l'eau. On t'a vu l'autre matin.

– C'est moi.

– Et tu fais quoi dans la vie, à part des vols planés à vélo ? demande le grand en reprenant sa canne à pêche appuyée contre un buisson pour en démêler la ligne.

– Du basket.

– Du basket ? Chez nous, le sport, c'est plutôt le rugby. Et la pêche.

Dans une petite boîte de carton, il prend un ver de terre qu'il enfile sur son hameçon.

– T'as pas l'accent d'ici, dit le grand.

– Je suis en vacances. J'habite à Paris.

– Paris ? Tu es de la capitale ? s'étonne le petit. Alors, tu dois connaître Jacquot. Lui aussi habite à Paris.

– C'est grand, Paris, je dis.

– Moi, j'irai jamais, poursuit Antoine en crachant vers son bouchon. Que des fous, là-bas… Sans rire, tu connais pas Jacquot ?

– J'ai dû le rencontrer, si ça se trouve.

– Ah bon, fait le petit avec un soupir de soulagement. Je me disais aussi… À Blériot, on en a eu un, une fois, de Parisien. J'ai oublié son nom, mais tu dois le connaître aussi.

– Sûr, j'ai dit. On est tous copains là-bas.

On continue comme ça un moment. Puis Lucas, le grand, pousse un juron, son bouchon venait de plonger. Il a ferré (c'est le mot que j'ai appris plus tard, quand j'ai su pêcher moi aussi), et au bout de sa ligne, il y a un poisson argenté qui se tortille au soleil.

– C'est quoi ? je demande tandis qu'il le dépose dans l'herbe. Du colin ?

Le petit ricane.

– Une truite arc-en-ciel, banane.

– Comment tu m'as appelé ?

Il n'a pas le temps de répondre. Son bouchon plonge à son tour et cette fois, on dirait qu'il est aspiré vers le fond par un monstre préhistorique.

– L'épuisette, vite, ou ma ligne va péter !

Le temps que je l'attrape et que je me jette à l'eau, il est trop tard : le fil a cassé brusquement et la gaule vient gifler les feuillages à quelques millimètres de ma joue. Un peu plus à droite et elle m'emportait l'œil.

– Pas de mal, Parisien ? demande le grand.

– C'était le grand brochet ! beugle le petit. Je le tenais ! Des semaines qu'on essaie de l'attraper !

Et il jette sa gaule avec rage.

– Le grand brochet ? je répète. Kézaco ?

– Un poisson de vingt livres, avec des dents énormes ! On a failli le prendre un matin, en bas de chez toi. Il peut couper un fil d'acier d'un seul coup de mâchoire !

– Il vit là-dessous, précise le grand en montrant un barrage de branches flottant à la surface. Maintenant, forcément, il va se méfier.

– Désolé, je dis. J'ai fait ce que j'ai pu.

– Bah, pas grave… On le prendra bien un jour. C'est pas tout ça, mais faut qu'on rentre, Parisien, soupire le grand en repliant son matériel.

Ça me rappelle que je suis parti sans prendre de petit déjeuner. Mamie doit m'attendre, elle va faire une drôle de mine en me voyant arriver dans cet état.

– Demain, ici, même heure ? demande le grand.

– D'accord.

– Pas un mot sur le grand brochet, hein ! Si quelqu'un apprend qu'on a découvert son repaire…

– Motus et bouche cousue, je promets.

Et pour conclure notre pacte, on crache solennellement dans l'eau tous les trois.

– Pour ta bécane, dit le petit avant de s'éloigner, amène-la à Seyrac. Mon père tient le magasin de cycles. Je verrai ce que je peux faire. Salut, banane.

– Salut, banane, répète le grand.

– Salut.

À la façon dont ils ont dit « banane », j'ai su qu'on était devenus copains tous les trois.

Dans les choux

– Mon Dieu, que t'est-il arrivé ?

– C'est rien, mamie.

– Comment ça, rien ? Tu as vu l'heure qu'il est ? Tu es trempé ! Et ton œil…

– C'est le vélo, j'ai commencé.

Mais les mots s'embarrassaient dans ma bouche. J'avais eu froid sur le chemin du retour et je tremblais comme une feuille.

– Le vélo ? Mais quel vélo ? a demandé mamie. Qu'est-ce que tu racontes ?

C'est à ce moment-là que je me suis évanoui. La pièce s'est mise à tourner autour de moi et j'ai eu l'impression que le sang se retirait de mon corps. Après, je ne me souviens de rien.

Quand j'ai rouvert un œil, je grelottais sous un gros édredon. Penchée sur moi, une forme indistincte me braquait sur la pupille un faisceau de lumière.

J'ai poussé un cri, balancé un coup de genou. Il y a eu le claquement de mâchoires qui s'entrechoquent, le bruit d'une paire de lunettes qui tombe sur le parquet, suivi d'un juron étouffé.

– N'aie pas peur, Léo, a fait la voix de mamie tandis qu'une main fraîche me caressait le front. Ce n'est que le médecin.

– Ce serait plutôt à moi d'avoir peur, a protesté l'autre. Cet animal m'a presque fracturé le menton.

– Vous parlez de mon petit-fils, docteur, s'est impatientée mamie, pas d'un veau qui vient de naître. Alors, votre diagnostic ?

– Un bon coup de froid, a grogné le docteur en rangeant ses instruments. Grosse fièvre, mais rien de grave. Faites-lui garder le lit quelques jours. Ce sera plus prudent pour tout le monde…

Je n'ai même pas entendu la porte se refermer derrière eux. J'étais déjà rendormi.

Mamie m'a réveillé un peu plus tard pour me faire prendre des cachets. J'avais la tête comme un presse-purée, les pieds glacés et les joues bouillantes, avec un point au fond de la gorge qui m'empêchait de déglutir.

– Trente-neuf sept, a dit mamie en secouant le thermomètre. Une fièvre de cheval, mon Léo.

– Le vélo, j'ai bredouillé. Je l'ai laissé dehors.

– Je l'ai mis à l'abri, ne t'inquiète pas. Jamais je n'aurais pensé que ton grand-père avait gardé cette bécane. Son vélo de jeune homme, tu te rends compte ? Repose-toi, maintenant. Je reviendrai te voir tout à l'heure.

J'ai dormi le reste de la journée et une partie de la suivante. L'édredon pesait sur ma poitrine, j'avais l'impression que le lit flottait dans la pénombre de la chambre. Par la porte entrouverte, j'entendais des bruits assourdis de vaisselle, puis mamie est entrée, un bol fumant à la main.

– Ça te fera du bien, mon Léo.

Son bouillon sentait le poulailler, mais c'était chaud et il y avait un moment que je n'avais rien avalé. J'ai tout fini avant de replonger dans le sommeil.

C'est quand la fièvre est un peu tombée que je me suis rappelé le rendez-vous. Le petit et le grand avaient dû m'attendre près du trou d'eau, se demandant pourquoi je n'étais pas venu. J'ai essayé de me lever en douce, mais j'avais les jambes molles, l'estomac vide et un étau dans le crâne qui m'a forcé à me recoucher.

Comment les prévenir ? Impossible d'en parler à mamie. J'avais promis le secret pour le brochet, pas question de les trahir. Il fallait juste attendre d'aller mieux, espérer qu'ils reviendraient au trou d'eau. Pour une fois que je m'étais fait des copains… Je me suis rappelé un vieux film que j'avais vu à la télé, un western. Les héros étaient deux frères, des durs à cuir, des types à s'appeler Bronco Bill ou Jack-le-Kid. Mais les gens du doublage en avaient fait les frères Raymond, Antoine et Lucas Raymond, comme mes potes. Le nom le plus ringard qu'on puisse imaginer pour des cow-boys qui canardaient dans tous les coins et prenaient au lasso des alezans sauvages.

D'habitude, j'aime bien être malade. Je traîne au lit, peinard, la tête un peu brumeuse. Personne ne me demande de me laver les dents ou de mettre la table. Je passe la journée à regarder n'importe quoi à la télé en grignotant des raisins secs.

Mais là, sans télé, j'ai commencé à me barber sérieusement. Je n'arrivais pas à me concentrer sur le livre d'échecs de M. Litvak, j'entendais les oiseaux gazouiller dehors et je me demandais si Antoine et Lucas avaient pêché le grand brochet sans moi.

– Ça a l'air d'aller mieux aujourd'hui, a dit mamie en entrant dans ma chambre. Va donc faire ta toilette pendant que j'aère et que je change tes draps... Ah ! j'oubliais : j'ai du courrier pour toi.

Il y avait deux lettres. Une de ma mère et une de mon père. J'ai attendu que mamie ait quitté la chambre pour les lire et ça m'a donné le cafard pour le reste de la journée.

– Je sors un moment, a dit mamie plus tard. J'ai quelques courses à faire. Toi, tu restes au lit. Repos jusqu'à nouvel ordre. Essaie de ne pas trop t'ennuyer, d'accord ?

Elle a mis sur mon lit des albums de photos et m'a embrassé sur le front, puis j'ai entendu le moteur de la 2 CV qui s'éloignait et la solitude m'est tombée sur la tête d'un seul coup.

C'étaient les lettres de mes parents, peut-être, cette grande maison silencieuse, avec seulement le battement de l'horloge là-bas, très loin, dans le salon... J'ai regardé des photos d'autrefois sur lesquelles on voyait mon grand-père à la pêche, d'autres de mamie très jeune, à Royan, avec un chapeau sur la tête et l'air gêné qu'elle prend dès qu'elle se fait belle pour sortir. Sur une autre, on voyait mes parents assis sur une couverture devant la maison, avec les restes d'un pique-nique et moi en culottes courtes assis sur leurs genoux.

Les couleurs avaient pâli, l'album sentait l'humidité, avec des dates écrites à la main sur des étiquettes comme on en colle à la rentrée sur les livres de classe. Ça m'a rappelé le collège Blaireau, la section spéciale où mamie m'a inscrit. Alors j'ai sauté du lit et fouillé dans la commode pour trouver du papier. Le billet de retour était là, bien caché sous mes vêtements.

J'ai voulu commencer une lettre à ma mère pour tout lui raconter, lui annoncer que j'allais rentrer dès la fin des vacances et qu'elle ne dise rien à mon père, mais les mots ne venaient pas. Rien, comme pour les rédactions de M. Charlotot quand il nous donne un sujet libre. J'ai un peu traîné dans la cuisine, ouvert le journal du jour et regardé les gros titres avant de le reposer où je l'avais pris.

J'allais retourner au lit quand je l'ai rouvert brusquement. Comment j'avais pu manquer ça ? On était le 20 août ! le jour le plus important de l'année, et personne n'y avait pensé !

Mamie était sortie, mes parents étaient loin. C'était la première fois que je passais le 20 août tout seul. Le cafard m'a repris. Comment avaient-ils pu tous oublier ?

– Salut, cascadeur, a dit une voix derrière mon dos.

– Salut, banane, a fait une autre voix en écho.

J'ai sursauté. Ils étaient entrés sans bruit, le grand et le petit, ravis de leur surprise mais un peu gênés aussi, comme deux cambrioleurs pris la main dans le sac.

– Qu'est-ce que vous faites là ?

– On t'a attendu, a dit le grand avec reproche. Où t'étais passé ?

– J'étais malade. J'ai eu de la fièvre.

– Petite nature, va ! a rigolé le petit. Merci pour le piège, en tout cas, je me suis bien ramassé la figure sur ta ficelle.

J'ai mis une seconde à comprendre de quoi il parlait : les boîtes de conserve, le fil barrant le chemin. Ça avait dû faire un raffut du diable quand le petit s'était pris les pattes dedans. Je n'avais rien entendu.

– Normal, j'ai dit. C'est un piège à loups hyper sophistiqué que j'ai appris à faire au Canada.

– Parce que t'es allé au Canada aussi ? s'est étonné Antoine en ouvrant le placard à provisions.

– Dans le Grand Nord, j'ai menti. J'ai des copains trappeurs... Eh ! touche pas aux confitures, ma grand-mère va me tomber dessus si on dérange ses affaires.

– Je la connais, m'ame Portefoin, a dit le grand en plongeant ses doigts dans un pot de gelée de mirabelles. On l'avait, en primaire. Super sévère ! Mais bon, maintenant qu'on est à Blériot...

– À Blaireau ?

– À *Blériot*, a corrigé le grand. Mais t'as pas tort : un peu blaireau comme bahut.

– En cinquième ?

– Ben oui, pourquoi ? s'est rengorgé le petit. Tu me prends pour un minus ?

– Ma grand-mère vient de m'inscrire en cinquième !

– Alors on sera tous les trois dans la même classe, a dit le grand.

– Pas moi. Je serai en section spéciale.

– En section spéciale ? a répété le petit. C'est quoi, ce truc ?

– Je sais pas. C'est le dirlo qui en a parlé.

– Dis donc, a coupé Lucas en ouvrant le frigo, elle aurait pas du Coca, ta mémé ? Je meurs de soif.

– C'est pas mémé, j'ai fait, c'est mamie. Touchez pas les provisions ou ça va barder.

– D'accord, d'accord, te fâche pas ! On était juste venus te rendre une petite visite amicale.

– Écoutez ! a lancé Antoine en mettant un doigt sur sa bouche.

Un moteur de bagnole… La 2 CV de mamie déboulait dans la cour.

– Barrons-nous ! a lancé Antoine.

Et ils ont détalé vers la porte de derrière. Juste avant de sortir, Lucas s'est retourné :

– Quand t'auras plus tes vapeurs, tu nous rejoins au trou d'eau d'accord ? J'ai fabriqué une ligne incassable pour le brochet.

– J'y serai, j'ai dit.

– Dis donc, t'aurais pas mis le pyjama de ton petit frère ? a rigolé l'autre.

Je n'ai pas eu le temps de dire que je n'avais pas de petit frère, que mon pyjama avait bizarrement rétréci, lui aussi, ils avaient déjà disparu.

Juste à temps : mamie poussait la porte d'un coup de pied, les bras chargés de paquets.

– Qu'est-ce que tu fais debout ?

– Je peux t'aider.

– Hors de question. Va te recoucher. Je te fais un petit bouillon de poule pour le dîner.

– *Miam !* j'ai fait en regagnant ma chambre.

Mais j'en avais gros sur le cœur. Du bouillon de poule le 20 août ? C'était trop super…

– Tu ne t'es pas trop ennuyé, j'espère ? m'a crié mamie depuis la cuisine.

– Non non.

– Qu'est-ce que tu as fait de beau ?

– Rien… J'ai lu.

– Très bien. Mais la prochaine fois que tu inviteras des amis, dis-leur de ne pas se sauver comme des voleurs, tu veux bien ? Ça n'est pas très poli. Ils ont eu peur que je les morde ?

J'ai fait semblant de ne pas comprendre.

– Euh… Qui ça, mamie?

– Antoine et Lucas, pardi !

J'ai failli m'étrangler.

– Tu l'es a vus ?

– Rien ne m'échappe, elle a gloussé. En classe,

j'avais la réputation d'avoir des yeux derrière la tête. Mais puisque ça a l'air d'aller mieux, si tu passais à la douche, mon Léo ? Tu t'habilleras pour le dîner. J'en ai marre de te voir en pyjama. Surtout qu'il est vraiment trop petit pour toi.

Tartakover

– Je te préfère comme ça, a dit mamie quand je l'ai rejointe à la cuisine. Viens m'embrasser, tu sens le propre !

Je me suis approché d'elle, mais elle a fait la grimace avant de chausser ses lunettes pour m'observer des pieds à la tête :

– Mais dis donc, tu n'as plus rien qui t'aille, toi !

J'avais été obligé de tirer sur les manches de mon pull, et mon jean m'arrivait aux mollets.

– Viens par là, que j'en aie le cœur net.

Elle m'a fait m'adosser au chambranle du placard, les pieds joints, le cou bien droit, et a tracé une petite marque au crayon au niveau de mon crâne. Puis elle a sorti son mètre de couturière et a pris la mesure deux fois pour être bien sûre.

– Un mètre trente-deux, elle a annoncé.

– Quoi ?

– Un mètre trente-deux, a répété mamie avec un petit air satisfait. C'est bien ce que je pensais : tu as pris dix bons centimètres depuis que tu es là.

Je n'en revenais pas.

– Tu es sûre que tu ne t'es pas trompée ? Le médecin, pourtant…

– Quel médecin ?

– Le psychologue. Il a dit que je me faisais des nœuds dans ma tête et que c'était ça qui m'empêchait de grandir.

– Permets-moi de te dire que c'est un imbécile. Des nœuds dans la tête ? Et puis quoi encore ? Quelles sottises il ne faut pas entendre !

J'ai compris soudain pourquoi la selle du vélo m'avait paru moins haute d'un seul coup, le lendemain du jour où M. Litvak était passé pour le test. Mais est-ce qu'on peut vraiment grandir de dix centimètres en une seule nuit ?

– D'ailleurs, a ajouté mamie en me poussant doucement vers le salon, c'est bien normal que tu grandisses, un jour comme celui-ci. On est le 20 août, n'est-ce pas ? Est-ce que ce n'est pas ton anniversaire, mon Léo ?

J'ai dû devenir rouge comme une tomate. Elle n'avait pas oublié ! L'histoire du bouillon de poule, c'était juste pour rigoler. Dans la salle à manger, elle avait dressé une table de fête, sorti l'argenterie et la nappe rouge et or que j'aime. Les serviettes étaient roulées en éventail dans les verres et, sur la table, un énorme gâteau croulait sous les bougies.

– Treize, a recompté mamie. Pas une ne manque. J'espère que tu aimes toujours les pommes de terre sautées et le magret parce qu'il n'y a que ça.

– J'adore, j'ai bredouillé.

– Mais d'abord, les cadeaux !

Elle a disparu dans la cour et je me suis laissé tomber sur le canapé, le cœur battant tellement fort que je n'arrivais pas à savoir si c'était de surprise ou de joie.

– Ferme les yeux, elle a lancé en revenant. Et pas de triche comme l'autre jour au Scrabble !

J'ai obéi et elle a déposé sur mes genoux quelque chose de lourd et de doux à la fois. Au toucher, c'était souple et chaud, un petit paquet de laine bouclée, avec une sorte de minuscule écusson humide qui a paru bouger quand je l'ai touché.

– Tu peux rouvrir les yeux.

– Un chien ? j'ai murmuré sans oser y croire. Un chien ?

– Pas un chien, elle a corrigé. Un jack russel terrier de trois mois, avec vaccination et pedigree !

Il était là, sur mes genoux, qui me fixait de ses yeux caramel, sa petite truffe humide pointée vers moi. Je l'ai caressé un long moment sans rien pouvoir dire, puis il a sauté sur le tapis et s'est mis à courir dans tous les sens, maladroit et vif comme un ballon de caoutchouc.

J'ai sauté dans les bras de mamie.

– Oh merci, merci ! j'ai répété en l'embrassant. C'est le plus beau cadeau que j'aie jamais reçu !

– Après la mort de ton grand-père, j'avais juré de ne plus avoir d'animal. Mais la compagnie d'une

vieille grand-mère n'est pas bien drôle pour un garçon de ton âge, n'est-ce pas ? Attends, ce n'est pas fini...

Il y avait plein d'autres cadeaux. Ceux de mes parents étaient arrivés par la poste lorsque j'étais malade. Elle les avait cachés, histoire de me faire la surprise, elle a expliqué. Comment avais-je pu penser qu'ils m'oublieraient un jour comme celui-ci ? Pendant ce temps, mon nouveau chien furetait parmi les papiers cadeaux, se roulait dans les rubans en jappant à qui mieux mieux. Alors, mamie l'a saisi par la peau du cou et l'a posé sur un vieux coussin qu'il s'est mis à mordiller en clignant des yeux vers nous. Je ne savais plus où donner de la tête, avec les cartes d'anniversaire de mes parents, le chien et les paquets.

J'ai toujours rêvé d'avoir un animal à moi.

« Dans un appartement, ça serait un crime, disent mon père ma mère. Et puis, qui s'en occupera quand tu seras à l'école ? »

J'ai juste ramené un poisson rouge, une fois, dans un sachet en plastique. Je l'avais acheté avec mon argent de poche, sans rien dire à personne. Comme on n'a pas d'aquarium, je l'ai mis dans le grand compotier de cristal que j'avais rempli d'eau et planqué sous mon lit. Ma mère l'a découvert en passant l'aspirateur, ça a bardé très fort et j'ai dû le ramener au marchand qui ne m'a même pas remboursé.

Mon grand-père, lui, adorait les animaux. Il trouvait toujours des oiseaux blessés, des hérissons, des écureuils qu'il soignait avant de leur rendre la liberté.

Près de son atelier, il y avait aussi une vieille écuelle pour les chats errants et, l'hiver, quand il avait neigé, il mettait chaque matin des graines dans une mangeoire à oiseaux.

– Ah, j'allais oublier ! a dit mamie en me tendant un dernier paquet. Quelqu'un m'a remis ceci pour toi.

– Quelqu'un ?

– Ouvre, tu verras.

Le cadeau avait la taille approximative d'une boîte à chaussures. J'ai ôté l'emballage et poussé un cri : c'était un coffret d'échecs. Les pièces à l'intérieur étaient logées dans de petites alvéoles en feutrine vert buvard. La boîte en bois formait un plateau de jeu avec son couvercle quand on la retournait.

Pour Léo, disait la petite carte scotchée dessus. *Bon anniversaire de la part de* M. *Litvak*.

– Le jeu d'échecs de ton grand-père était bien abîmé, a commenté mamie. Maintenant, tu as le tien. Un vrai jeu de professionnel. Et si on dînait avant que mes pommes de terre ne soient froides ?

Ça a été le meilleur repas d'anniversaire de toute ma vie. Je me sentais un peu KO après toutes ces émotions : la visite surprise des copains, le chien qui se frottait contre mes jambes sous la table, les cadeaux et le dîner de fête.

– Comment vas-tu l'appeler ? a demandé mamie. Un chien doit avoir un nom.

Je n'ai pas eu besoin de réfléchir.

– Tartakover.

– Tartakover ? Drôle de nom pour un jack russel terrier à pedigree !

– C'est le nom d'un joueur d'échecs dans le livre que m'a prêté M. Litvak.

– Tartakover… Pourquoi pas, après tout ? Défense, par contre, de le nourrir quand on est à table. Mais je te fais confiance, je suis sûr que tu l'élèveras très bien.

On a coupé le gâteau, je n'avais plus faim du tout, mais j'ai quand même pris la plus grosse part parce que c'était mon anniversaire.

– Tu sais, je suis vraiment contente que tu sois là, mon Léo, a dit mamie. Cette maison est si triste depuis la mort de ton grand-père. Maintenant, nous voilà trois : toi, moi et Tartakover.

– Et comment tu feras si…

Je n'ai pas osé finir ma phrase. Je voulais dire : « Comment tu feras si je reste pas à la fin des vacances ? Si je rentre chez moi ? Tu voudras bien quand même que j'emmène Tartakover ? »

Ma mère ne pourrait refuser de le prendre, c'était un cadeau de mamie, et un cadeau, c'est sacré. Mais il s'ennuierait tout seul dans notre petit appartement quand je serais au collège. C'est elle qui avait raison : un chien a besoin de compagnie, surtout aussi petit.

– Comment je ferai si quoi ? a demandé mamie.

Je me suis jeté à l'eau. Ce soir, j'avais l'impression que mamie pouvait comprendre.

– La section spéciale, mamie. Je veux pas y aller. Je veux pas passer les tests de M. Litvak, faire les horaires aménagés et apprendre la mécanique.

– La mécanique ? elle a répété en ouvrant des yeux ronds. Mais de quoi parles-tu ?

– Je les connais, les sections spéciales, mamie, on en a à notre collège. Je suis pas bon en classe, mais le travail manuel, ça a jamais été mon truc.

– Qui te parle de travail manuel ? s'est étonnée mamie. Je ne comprends pas, mon Léo.

– Je t'ai entendue quand tu parlais au directeur du collège.

– Il n'y a jamais eu de section mécanique à Blériot, Léo. Juste une cinquième à horaires aménagés : la classe « Échecs », et rien d'autre.

– Une classe « Échecs » ?

– La seule de France. C'est M. Litvak qui l'a créée. En plus du programme normal, il anime une option échecs pour un petit groupe d'élèves triés sur le volet. C'est ça ta section spéciale, mon Léo. Qu'es-tu allé imaginer ?

Je n'y comprenais plus rien.

– Le directeur est d'accord pour que tu en fasses partie. Mais il fallait l'avis de M. Litvak. C'est pour ça qu'il est venu l'autre soir : pour mesurer si tu étais de la graine de jeune champion.

Mes oreilles bourdonnaient.

– Je sais à peine jouer, j'ai dit.

– Ce n'est pas ce que M. Litvak a pensé. Un garçon

surdoué, il a dit. Il te reste tout à apprendre, mais il prétend n'avoir jamais vu un talent comme le tien.

J'étais abasourdi. Est-ce qu'elle se moquait de moi ? Des surdoués, j'en connais : des binoclards plus rapides qu'un ordinateur, des intellos champions du monde de grammaire, ça oui... Mais moi, un surdoué ? M. Charlotot aurait bien rigolé s'il avait entendu ça.

– Je te répète seulement ce que M. Litvak a dit. Que certaines intelligences restent endormies très longtemps parce qu'elles n'ont pas trouvé l'objet pour lequel elles sont faites. Que ton domaine à toi, c'est le jeu d'échecs, et qu'avec beaucoup de travail, tu pourras faire de grandes choses.

– Et papa et maman ? j'ai bredouillé. Ils sont d'accord, eux aussi ?

– Tu penses bien que je n'ai rien fait sans les consulter. Mais la décision t'appartient, Léo. Le collège n'est pas tout près, mais je peux t'y conduire le matin et te ramener le soir. Ce sera mieux que d'être interne, tu ne crois pas ? Tu manquerais trop à Haricover.

– Tartakover, mamie, j'ai corrigé en riant.

Le chien a dû reconnaître son nom parce qu'il s'est mis à japper joyeusement et à faire le tour de la pièce au sprint.

Quand je l'ai emmené à ma chambre, au moment de se coucher, il s'est roulé sur le coussin que j'avais installé à côté du poêle et s'est endormi aussitôt.

Moi, je suis resté éveillé dans le noir, incapable de dormir.

Je venais d'avoir treize ans, dix centimètres de plus, un petit chien et un jeu d'échecs tout neuf dont la boîte luisait sur ma table de nuit. Que demander de plus à un anniversaire ?

Tartakover gémissait doucement dans son sommeil. Il devait rêver de lapins, de courses dans les champs et de toutes les odeurs qui lui restaient à découvrir dans sa nouvelle maison.

Seyrac, le 21 août

Chère maman,

J'ai commencé à t'écrire hier, et puis je n'ai pas trouvé les mots parce que j'avais de la fièvre et que j'étais un peu triste, alors je t'écris aujourd'hui et j'espère que tu vas bien.

Merci de ton cadeau. J'ai eu aussi un petit chien de la part de mamie, un jack russel terrier de trois mois qui a déjà mangé l'accoudoir du canapé, alors mamie s'est mise à moitié en colère. Je l'ai appelé Tartakover, c'est une trop longue histoire pour te la raconter. J'ai des copains qui m'attendent pour la pêche, alors je dois faire vite pour que la lettre parte au courrier de ce matin.

J'ai visité l'autre jour l'ancien collège de papa. Il s'appelle Blaireau, un drôle de nom pour un collège, mais il y a une section spéciale dont mamie t'a parlé. M. Litvak m'a fait passer une sorte de test, et il dit que je suis fort. Pas en maths ou en français, juste aux échecs. C'est un jeu génial, et il dit que je peux devenir un champion. Je ne sais pas s'il a raison mais j'ai grandi d'un coup de dix centimètres et mamie dit que ça n'est pas fini. Il va falloir m'acheter d'autres baskets, un pyjama et un jean, on ira cet après-midi au village et on en profitera pour amener mon vélo à réparer au magasin de cycles. Le marchand est un ancien élève de mamie, mais c'est aussi le père de mon nouveau copain, Antoine, qui m'attend au trou d'eau, alors je ne peux pas te donner plus de détails.

Il paraît qu'on sera dans la même classe à la rentrée, Antoine, Lucas et moi. Eux n'ont pas l'option échecs, mais ce sont de super pêcheurs, ils ont fabriqué une ligne spéciale pour le brochet. Je ne peux pas t'en dire plus parce que j'ai promis le secret, mais j'espère bien qu'on va l'attraper aujourd'hui, ou alors demain, on verra.

Mamie t'embrasse aussi. Elle m'a dit de te dire de ne pas te faire de soucis, que tout va bien.

Est-ce que tu viendras à Seyrac aux vacances de la Toussaint ? Je t'envoie avec cette lettre le billet de retour que tu m'avais donné. Puisqu'il ne me servira pas, peut-être que tu pourras le changer pour venir voir Tartakover.

Mamie, en tout cas, ça lui ferait plaisir, et à moi aussi, bien sûr.

Il faut que je file. Ne fais pas attention aux fautes s'il y en a.

Si papa pouvait t'accompagner à la Toussaint, ça serait super. J'ai un truc à lui dire sur les lavabos du collège Blaireau et le message que j'ai trouvé. Ça le fera bien rigoler.

Je t'embrasse,

Ton Léo.

Table

Jean-Philippe Arrou-Vignod

L'auteur

Jean-Philippe Arrou-Vignod est né à Bordeaux. Il vit successivement à Cherbourg, Toulon et Antibes, avant de se fixer en région parisienne. Après des études à l'École normale supérieure et une agrégation de lettres, il enseigne le français au collège. Passionné de lecture depuis son plus jeune âge, il s'essaie très tôt à l'écriture et publie son premier roman à l'âge de vingt-six ans. Il est depuis l'auteur de nombreux ouvrages, pour la jeunesse comme pour les adultes.

Du même auteur chez Gallimard Jeunesse

Histoires des Jean-Quelque-Chose
L'Omelette au sucre
Le Camembert volant
La Soupe de poissons rouges
Des vacances en chocolat
La Cerise sur le gâteau
Une belle brochette de bananes
Un petit pois pour six
Les Recettes du chef
Une famille aux petits oignons (*l'intégrale 1* et *2*)

Enquête au collège

Le professeur a disparu
Enquête au collège
P. P. Cul-Vert détective privé
Sur la piste de la salamandre
Le Mystère du Loch Ness
Le Club des Inventeurs
Sa Majesté P. P. Ier
L'Élève qui n'existait pas

Enquête au collège, l'intégrale 1 et 2

Magnus et Mimsy

Magnus Million et le dortoir des cauchemars
Mimsy Pocket et les enfants sans nom

Le Livre dont je ne suis pas le héros

Agence Pertinax

Le Collège fantôme

Léo des villes, Léo des champs

Bon anniversaire !

L'Invité des CE2

Olympe de Roquedor (*coécrit avec François Place*)

Louise Titi (*album illustré par Soledad*)

Rita et Machin (*série d'albums réalisée en collaboration avec Olivier Tallec*)

Le Prince Sauvage et la renarde (*album illustré par Jean-Claude Götting*)

Comment Akouba inventa l'écriture (*album illustré par Tali Ebrard*)

Héros, 40 personnages de roman (*coécrit avec Patricia Arrou-Vignod*)

François Ravard

L'illustrateur

François Ravard est né en 1981. Après avoir passé son bac à Rennes, il étudie le graphisme publicitaire, puis se lance dans la bande dessinée. Il a publié une quinzaine d'albums aux côtés de Ducoudray, Richelle, Rabaté, ou encore Tardi en reprenant le personnage de Nestor Burma dans *Les Rats de Montsouris*, avec Moynot (Casterman, 2020). En parallèle, il collabore régulièrement avec la presse et réalise des couvertures pour l'édition jeunesse. Il s'associe à Aurélie Valognes pour la série *Clovis & Oups* (Flammarion Jeunesse, 2022). Depuis 2017, les éditions Glénat publient ses recueils d'aquarelles sur le thème de la mer, dont *Vague d'amour* (2021). Ses illustrations sont présentées dans sa galerie, à Dinard, où il réside.

Découvrez
les **Histoires des Jean-Quelque-Chose**

dans la collection

FOLIO JUNIOR

L'OMELETTE AU SUCRE

n° 1007

Connaissez-vous l'omelette au sucre ? Rien de moins compliqué à préparer. Prenez une famille de cinq garçons. Ajoutez-y un bébé à naître, une tortue, un cochon d'Inde et une poignée de souris blanches. Mélangez bien le tout, sans oublier une mère très organisée, un père champion du bricolage et quelques copains d'école à l'imagination débordante. Saupoudrez d'une pincée de malice et d'émotion, et servez aussitôt. C'est prêt… À consommer sans modération !

LE CAMEMBERT VOLANT

n° 1268

Quand on a six frères et qu'on s'appelle Jean-A., Jean-B., Jean-C., Jean-D., Jean-E. et Jean-F., impossible de s'ennuyer un seul instant.
Au menu de cet été : un déménagement, des vacances chez papy Jean, un poisson nommé Suppositoire, une ribambelle de cousins aux oreilles décollées… sans oublier bien sûr un mystérieux camembert volant et des parents pas trop coulants. Décidément, ça déménage chez les Jean !

LA SOUPE DE POISSONS ROUGES

n° 1438

Septembre 1969, Jean-A., Jean-B, Jean-C., Jean-D., Jean E., le bébé Jean-F. et leurs parents ont quitté Cherbourg. Les voilà à Toulon pour la rentrée des classes. Une nouvelle école et de nouveaux copains, des poissons rouges nommés Wellington et Zakouski, une voisine alsacienne dure d'oreille qui cuisine un peu trop, sans oublier la bande des Castors, voisins de la villa des Jean, qui entendent bien garder leur colline pour eux seuls... C'est un grand bouleversement dans la vie de Jean-B. Heureusement que son père sait tout faire de ses dix doigts et que sa mère est très organisée !

DES VACANCES EN CHOCOLAT

n° 1510

Cet été, la famille des Jean-Quelque-Chose au grand complet part à l'Hôtel des Roches Rouges. Au programme, excursions à la mer avec le canoë et les chaussures en plastique qui donnent des ampoules, visites clandestines de l'hôtel à l'heure de la sieste, représentation exceptionnelle du grand cirque Pipolo, sans oublier le passage du Tour de France… Et surtout, quelques cartes postales bien senties aux cousins Fougasse !

LA CERISE SUR LE GÂTEAU

n° 1694

Décidément, impossible d'avoir la paix quand on est six garçons qui s'appellent tous Jean-Quelque-Chose. Depuis que Jean-A. veut devenir idole des jeunes, la famille tout entière est menacée d'invasion par une espèce inconnue : les filles. Jean-B., lui, s'est promis de ne jamais tomber amoureux. Plutôt finir scout marin ! Mais peut-on échapper à l'âge bête ? Même si papa est très fort comme médecin et maman très organisée, cette année chez les Jean risque bien de faire *boum* !

Le papier de cet ouvrage est composé de fibres naturelles, renouvelables, recyclables et fabriquées à partir de bois provenant de forêts gérées durablement.

Mise en pages : Maryline Gatepaille

Loi n° 49-956 du 16 juillet 1949
sur les publications destinées à la jeunesse
ISBN : 978-2-07-515142-9
Numéro d'édition : 373287
Dépôt légal : juin 2022

Imprimé en Espagne chez Novoprint (Barcelone)